尼采

Nietzsche: A Very Short Introduction

Nietzsche: A Very Short Introduction

尼采

邁克·坦納〔Michael Tanner〕著

于洋 譯

OXFORD
UNIVERSITY PRESS

Oxford University Press is a department of the University of Oxford.
It furthers the University's objective of excellence in research, scholarship,
and education by publishing worldwide. Oxford is a registered trade mark of
Oxford University Press in the UK and in certain other countries

Published in Hong Kong by
Oxford University Press (China) Limited
39/F, One Kowloon, 1 Wang Yuen Street, Kowloon Bay, Hong Kong

This Orthodox Chinese edition © Oxford University Press (China) Limited

The moral rights of the author have been asserted

First edition published in 2016

All rights reserved. No part of this publication may be reproduced, stored in a
retrieval system, or transmitted, in any form or by any means, without the prior
permission in writing of Oxford University Press (China) Limited, or as expressly
permitted by law, by licence, or under terms agreed with the appropriate
reprographics rights organization. Enquiries concerning reproduction outside
the scope of the above should be sent to the Rights Department, Oxford
University Press (China) Limited, at the address above

You must not circulate this work in any other form
and you must impose this same condition on any acquirer

尼采

邁克·坦納著

于洋譯

ISBN: 978-0-19-941488-8

5 7 9 10 8 6 4

English text originally published 1987 as an Oxford University Press paperback
Reissued 1996, First published as *Nietzsche: A Very Short Introduction*
by Oxford University Press © Michael Tunner 2000

目　錄

第一章
尼采之形象

尼采（Friedrich Nietzsche, 1844–1900）是一位德國哲學家，在1889年初突然神智失常以前，幾乎完全被人們所忽視。如今，「尼采」成為這樣一位人物，假其權威，觀點不同、意見迥異之士均可為各自的觀點尋找支持。有一項出色的研究〔阿舍姆（Steven Aschheim），1992〕致力於考察1890至1990年間尼采對德國的影響，該研究列舉出了「無政府主義者、女權主義者、納粹分子、宗教信徒、社會主義者、馬克思主義者、素食主義者、先鋒派藝術家、體育愛好者和極端保守分子」，他們都從尼采的著作中獲得啟示，而這個名單顯然還可以繼續延伸下去。該書的封面高調展示着一張1900年的藏書票，上有尼采頭戴荊棘冠的圖像；封底則是另一張，裸身的尼采肌體強健，站在阿爾卑斯山某高峰之上。在過去的九十年間，德國文化界或藝術領域，從托馬斯・曼（Thomas Mann）[*]到

榮格（Carl Jung）[*]，再到海德格爾（Martin Heidegger）^{**}，幾乎無人不承認尼采的影響。

有一本書研究了尼采在西方英語世界中的影響〔布里奇沃特（Patrick Bridgwater），1972〕，借用其書名中的一個詞來説，在「盎格魯—撒克遜（Anglosaxony）體系」中尼采也具有類似的影響力。一波又一波的「尼采主義」熱潮席捲而過，雖然也曾有一些時期，尼采因被視為德國軍國主義的鼓動者而遭到冷落，受到同盟國的貶低。20世紀初，尼采被廣泛地但很不準確地譯介到英語中，或者説與尼采的母語有着奇特關聯的這種語言中。至少是部分地因為尼采語言的古體風格，五十年間，這是尼采多部著作僅有的譯本。後來，當尼采的名聲在英國和美國處於低谷時，流亡在美國的普林斯頓大學哲學教授考夫曼（Walter Kaufmann）^{***}開始重新翻譯尼采的許多重要作品，並以一部專著開啟了有關尼采的研究計劃。自1950年問世以來，這本專著在許多年裏一直在如何評價尼采方面具有決定性的影響(考夫曼，1974)。考夫曼呈現出的是一位更傳統的思想家，而非為無政府主義者和素食主義者等提供靈感的人。令人普遍驚訝而又得到較為廣泛承認的是，尼采被證明是一位講求理性的人，甚至還是一個理性主義者。考夫曼致力於建構尼采的形

---

* 　榮格(1875–1961)，瑞士心理學家，分析心理學的創立者。

** 　海德格爾(1889–1976)，德國哲學家。其代表作《存在與時間》是20世紀西方哲學最重要的經典著作之一。

*** 考夫曼(1921–1980)，著名尼采研究學者和翻譯家。

象，這種形象遠離納粹、遠離那些聲稱以尼采為先驅的反理性主義運動、遠離藝術中的浪漫主義。新的定位使過去的闡釋變得難以理解，這樣一來，尼采的學院化應運而生。尼采成為眾多哲學家中的一位，人們將他與斯賓諾莎（Baruch Spinoza）、康德（Immanuel Kant）、黑格爾（G.W.F. Hegel），以及其他西方哲學傳統中的領軍人物相提並論，比較異同。欽服於考夫曼的淵博學識，一些美國哲學家以及隨後更多的英國哲學家在他們的著作和文章中，將考夫曼作為從客觀性、真理本質、希臘思想、自我本性以及其他無危險課題等方面研究尼采的起點。

與此同時，尼采成為二戰後歐洲（在那裏尼采從未喪失體面）存在主義者和現象學派持續研究和徵引的對象。1960年代和1970年代，尼采逐漸成為批評理論家、後結構主義者和解構主義者關注的焦點。當後兩個學派在美國立足進而大行其道之後，尼采再次被認定為啟發兩種思想的主要泉源。一些分析哲學家也發現，尼采並非如先前想像地那樣與他們的旨趣相去甚遠。出於學術圈中典型的互惠互利的動機，這些學者將他們的一些見解的萌芽歸功於尼采，與此同時，通過引用尼采的權威他們進一步確立了自己對這些思想的貢獻。如今，由於尼采對各種反差極大的思想以及反思想學派的吸引力，尼采研究正在蓬勃興起。幾乎確鑿無疑的是，每年出版的有關尼采的書籍超過了關於任何其他思想家的。

佯稱尼采完全不願看到這樣的現狀是徒然無益的。尼采在世時幾乎完全為人忽視(除非另作說明，本書所言的在世都指在1889年之前，那年尼采精神失常，距他逝世還有十一年)。儘管尼采並沒有因此而感到憤懣，正如幾乎任何事都不會使他憤懣，但世人的忽視確實使尼采陷入困境，因為他相信自己可以向同時代人傳遞真理，這些人正在因為忽視這些真理而付出慘痛的代價——這是尼采最精確的預言之一。然而，對打着他的旗號完成的著作或做下的事，他定會嗤之以鼻；學術圈對他的學院化改造的成功，儘管不像尼采所遭受的其他改造那麼驚人，但從尼采的角度來看一定極像是最終的失敗，因為他無論如何不願被學術界所同化，在學術界，任何事物都只供討論而不會付諸行動。

在闡釋尼采的觀點之前，有必要稍作停頓，來思考一下為甚麼尼采的著作對紛繁複雜的運動和各種學術思潮都極富吸引力。對於這個問題，更清晰的答案要到後面才能給出。這裏一個粗略的解釋是，原因恰恰在於尼采的行為特質使人初見即耳目一新。在《悲劇的誕生》(*The Birth of Tragedy, 1872*)和《不合時宜的沉思》(*Untimely Meditations, 1873–1876*)之後，他的作品通常都是由短小的文章組合而成，篇幅不及一頁，風格近乎箴言，儘管我們將會看到，他的箴言式語句與以通常方式來創作和欣賞的格言警句迥然不同：一

兩行包含人類經驗本質的話語，以優雅嚴謹的確定語氣希求人們接納。討論的主題龐雜眾多，其中的許多話題，如氣候、飲食、鍛煉和威尼斯，竟會出於哲學家之口，讓人不禁詫異。而且通常情況下，他的思考沒有依照一定的次序。這就意味着他的思路比大多數哲學家易於進入，他對各種體系所頻繁表現出的反感則使讀者認為，持有這種反感方為人之常情。尼采的許多「準箴言」內容激進，對於他的所愛，讀者從中僅可隱約察覺，但對於他的所惡，卻更易於從他慣常的睿智而極端的話語中明確了解到很多。尼采看起來厭惡他那個時代的文明，尤其是德國文明的方方面面，這令讀者為之一振。尼采的基本觀點是，如果不能創造一個全新的起點，那麼我們就在劫難逃，因為兩千多年來幾乎對所有重要事物的觀點從根本上都是錯誤的，而我們就生活在這些錯誤思想的殘骸之中，也可以說是生活在致命的頹廢之中——這樣的觀點將自主權賦予了那些想要與全部的文化遺產決裂的人們。尼采則從未對這種不可能實現的完全決裂抱有任何幻想。

即便如此，有關尼采著作的多種闡釋仍需進一步的剖白。這些闡釋並沒有隨着時間的流逝逐漸消減，而是在不斷增加，儘管它們已不似從前那般帶有啟示錄的神秘色彩。多種闡釋的存在向不知情者暗示着，尼采必定晦澀難懂，而且還有可能自相矛盾。這兩點

確有其事。但人們如果不能意識到並始終牢記着如下事實，這兩點往往會給人造成比實際更為糟糕的印象：事實是，從《悲劇的誕生》開始，在撰寫成熟作品的十六年中，尼采發展深化其觀點的速度無人能及，並且他很少願意浪費筆墨，指明自己思想的變化軌跡。

尼采更經常做的是試圖以新的視角看待自己早期的作品，以了解自己前行的蹤跡；從他考察自己著述生涯的思路看，他似乎認為人們若不了解其早期作品，就無法理解他的後續作品。他想由此以自我為範例，説明禁閉於19世紀頹廢文化的現代人可以怎樣從默從轉而反抗，並為徹底的轉變提供建議。特別是在1886年尼采的創造力瀕於枯竭時——儘管他自己不可能事先知曉這一點，他在自己以往的作品上花費了大量精力，為它們提供新的導讀，這些導讀有時是極嚴厲的批評；對《快樂的科學》(*The Gay Science*)，他實際上寫了一本全新的長篇作品來説明寫作目的。毋庸置疑，這樣做的一個目的就在於表明，對於過去既不應後悔也不必忽略。但是許多評論者卻被引入歧途，誤以為他們可以據此認為尼采的全部作品彷彿是同時創作出來的。

另一導致誤讀和令人震驚的歪曲因素源於一個事實，即至少從1872年起(很可能更早)，尼采必定就已經開始將大部分時間用於寫作。已出版的作品數量足

以驚人，而他的筆記至少和成書的材料一樣豐富。不幸的是，這些未出版的作品(遺稿)大部分留存了下來。如果存在這樣一條普遍接受的方法論原則，即在任何情況下未出版的著作都應該與已出版的著作區別對待，那麼這並不會造成不幸。然而，幾乎沒有人遵守這一基本原則。甚至那些宣稱會這樣做的人也常常為了印證自己對尼采的評價，悄悄地從大量的遺稿中進行語焉不詳的摘引。此種處理方式的極大危害在於，尼采的一些核心概念，其中最重要的可能是強力意志和永恆輪迴，得不到充份拓展。尼采通常很確信自己已經發掘了哲學的金礦，以至於只是粗略地記下許多思想，而沒有充份發展它們。這就給評論者提供了可能性，在不受制於任何明確主張的情況下將某一思想的發展歸因於尼采。一些人甚至認為，「真實的」尼采存在於他的筆記之中，而出版的著作不過是一套精緻的——十分精緻的——掩飾手法。海德格爾即持有這種荒謬的態度，這使得他可以將自己的哲學觀點同時作為對尼采哲學的延伸和批判加以宣揚。

和所有其他的評論者一樣，我也將偶爾援引尼采的遺稿，但這樣做時我會明確標示。尼采對自己那些付梓著作的最終形式煞費苦心，他是最不可能認為風格可有可無的人。尼采是一個天生的文體學家，即使草草記下的筆記也比大多數哲學家的成品優雅精緻。但是如果將他已發表的作品和這些作品的草稿相比，

其差異卻十分明顯。這種差異會讓人不禁感到,在將這兩類作品相提並論時一定要十分慎重。我之所以強調這一點,是因為正如我們將看到的,對尼采作品的操縱一直是創造尼采神話的一個主要因素。

以上這些仍不足以充份解釋,為何尼采會被描繪成憂傷之子[*],甚或被描述成帶着許多其他的偽裝。儘管尼采的觀點多有模糊難解之處,同時他也刻意不對理想形象加以明確限定,但人們終究希望失實的闡釋有個限度。在此,我只能無奈地說,很顯然,看起來不存在這樣的限度。一個像尼采那樣快速獲得顯赫名聲的人,一旦本人對此名聲無能為力,他也許就會被人毫無顧忌地用來證明任何一個需要偶像的運動。此時,就像在其他某些方面一樣,尼采頗具反諷意味地成為了他自己的反面,即「釘死的肉身」。這大概是尼采寫下的最後一段話:「我有義務反抗我的習慣、甚至本能的驕傲所深深反感的事物:聽我說!因為我是如此如此。最重要的是,不要將我和不屬於我的思想混為一體!」(《瞧,這個人》序言,1)然而,在尼采寫下這段話之後的一個世紀裏,鮮有讀者,更鮮有僅僅耳聞過他的人不是這麼做的。

---

*   憂傷之子(the Man of Sorrows):《聖經·以賽亞書》第53章對耶穌的指稱:「這裏甚至稱他是『憂傷之子』,可見他在世上的時候,經歷了如何的屈辱和孤單。」

第二章
悲劇：誕生、死亡及復活

　　尼采是一位早慧的學者，少時即創作頗豐。儘管如此，他的第一部著作《悲劇的誕生》，或據第一版之全稱《從音樂精神中誕生的悲劇》（*The Birth of Tragedy from the Spirit of Music*），卻遲至二十七歲時才出版。年方二十四歲即享譽學界並榮任巴塞爾大學古典哲學教授，尼采也許不該為學界對其新著的肆意攻擊感到意外，但顯然尼采很意外。不論以何種學術規範衡量，《悲劇》[*]一書都不夠嚴謹，更不用說遵從古希臘研究中所確立的學術規矩了。很快，尼采從學生時代起的宿敵默倫多夫（Ulrich von Wilamowitz--Moellendorf）^{**}便撰寫長篇書評，指責尼采無知，歪曲事實，對古希臘文化和現代世界的類比荒唐可笑。對此，尼采的摯友羅德（Erwin Rohde）^{***}，以至少是同樣激烈的言辭予以回擊，一輪爭論隨後發生。這種由於學術準則被冒犯而引發的論戰在學術圈屢見不鮮，尼采因此聲名狼藉，雖為時短

---

*　　即《悲劇的誕生》，下同。後文中其他書名亦有類似省略。

**　　默倫多夫（1848–1931），德國古典語言學者，主要研究古希臘文學。

***　羅德（1845–1898），德國古典學者。代表作為《心靈》一書。

暫，這卻是他日後經常要面對的、僅有的「聲名」。

自此以後，《悲劇》的讀者分化為兩個陣營：一派認為尼采汪洋恣肆的文風為其論述內容所必需，讀來令人振奮；另一派則因厭惡而表示輕蔑。雙方觀點都易理解：《悲劇》颳起一陣旋風，以它熱烈怪誕的激情及在有限篇幅內探討盡可能多主題的渴望掃盡了一切。尼采借論述希臘悲劇為何行世短暫的史實之名，宣稱此悲劇形式近日已在瓦格納(Richard Wagner)*的傑作中復活。自從在一次偶然的機會中看到了《特里斯坦與伊索爾德》(Tristan und Isolde)的樂譜，尼采就狂熱地愛上了瓦格納的歌劇。當時他十六歲，經常和朋友們一起在鋼琴上彈奏並試唱這部歌劇〔《瞧，這個人》，11.6；也見於洛夫(Frederick Love)，1963〕。1868年，尼采見到了作曲家本人和他當時的情婦──李斯特(Liszt)的女兒科西馬(Cosima)。到1869年，尼采已成他們的密友。在瓦格納夫婦僑居盧塞恩湖畔的特里布森時，尼采經常登門造訪。毫無疑問，在交往中他們曾多次探討過《悲劇》的全部主題，瓦格納也為書中的若干中心論題貢獻良多〔西爾克與斯特恩(Silk and Stem)，1981：第3章〕。縱然如此，瓦格納和科西馬收到書的成稿時還是對書中所述大感意外。不管熱衷於歷史演義的瓦格納對該書有何等重要的影響，書中眾多的新觀點足以讓他深

---

* 理查德·瓦格納(1813–1883)，德國作曲家。創作有《尼伯龍根的指環》和《特里斯坦與伊索爾德》等經典樂劇。

受啟示。

　　一般支持《悲劇》的讀者會為該書最後十章感到遺憾，遺憾於其中長篇累牘地論述瓦格納藝術是古希臘悲劇之復活這一命題。在他們看來，這個命題不但荒謬，而且偏離了書中前三分之二的內容所確立的主題，從而破壞了全書的統一性。這樣的解讀幾乎完全錯過了書中濃墨重彩的論點，也誤解了尼采畢生孜孜以求的事業。對於那些希望理解尼采一以貫之的關切的讀者而言，《悲劇》之所以成為尼采著述生涯不可或缺的起點，就在於他在論述中處理問題的方式：他的討論始於看似遠離時代的諸多議題，卻逐漸揭示出他真正關心的問題是文化、文化的永久狀況，以及實現文化永久性的諸多障礙。

　　《悲劇》開篇即節奏明快，並且這一勢頭從未減緩。首次閱讀最好盡可能加快速度，一個不錯的方法是跳過那些晦澀難懂和明顯游離於中心論點（該詞應從廣義理解）之外的部分。這樣一種初讀的方式當然包含不加深究地接受，但第一遍通讀就採取批判的視角難免使人煩躁或倦怠。感受貫穿着《悲劇》全書的流動性十分重要，在某種程度上，流動性也是該書的探討主旨所在。在「前言——致瓦格納」中，尼采首先提到了「我們正在討論的嚴肅的德國問題」，並確信「藝術是生命至高無上的使命和生命真正形而上的活動」。然後，尼采恰如其份地以如下論斷開始他的

論述：「當我們不單能從邏輯推理上了解，而且能夠直接感受到藝術的持續發展源於日神和酒神的二元性，那麼我們就在很大程度上理解了審美科學。」隨後在短短幾行內，尼采明確表示，他將在三方面繼續推進。首先是當代德國文化的危機，其次是一個有關形而上學本質的大膽判斷，最後涉及的是「審美科學」。（尼采使用「Wissenschaft」一詞指稱「科學」，它的意義不同於英語中的「科學」，指任何一種系統的調查研究──這一點在閱讀尼采的全部作品，或更確切地說在閱讀其中任何用德語進行的論述時，均應牢記。）

尼采很快轉而討論日神和酒神之間的「對立」，但「對立」並不意味着兩者是敵對關係。尼采很快就在闡述中點明：「兩種如此不同的本能彼此共生並存，又常常劇烈對抗，相互間不斷地激發更有力的新生」，直到他們「終於產生了阿提卡悲劇(Attic tragedy)──這種既是酒神的又是日神的藝術作品」。這種旨在比任何單一一方創造出更多成果的對立是19世紀德國哲學的特點，它的主要代表人物是黑格爾，尼采基本上畢生都在與這位哲學家抗衡。毋庸置疑，這其中部分原因在於尼采對叔本華(Arthur Schopenhauer)情有獨鍾，而叔本華對黑格爾的厭惡盡人皆知。不過，在闡釋對立及其克服方面，尼采並不需要求助於任何辯證法的機制，而黑格爾自己卻深受其累。尼采可以通過形象和例證實現他的

規劃，儘管他在舉證時常常帶有明顯的傾向性。

尼采認為，日神是關於形象的藝術。確切地說，日神就是形象。尼采以夢闡釋他的觀點：最具代表性的日神藝術格外清晰，刻畫事物輪廓鮮明，很好地例證了個體化原則。叔本華將這一原則視做我們所犯的主要認識論錯誤——我們對世界的觀察和設想着眼於彼此孤立的客體，包括孤立的個人在內。作為擁有感官和觀念機制的存在者，我們無法避免用這一根本錯誤的方式看待世界。在叔本華看來，這一錯誤是我們遭受許多最痛苦的幻相和經歷的根源，儘管我們並不清楚克服這一錯誤能否使我們的生活不再那麼可怕。

在《悲劇》裏，尼采利用了叔本華思想中的困惑之處。很明顯，在產生自己的、某種程度上可以說是獨立的「藝術家的形而上學」時，尼采並不比叔本華對這些困惑更加明了。在「自我批判的嘗試(Attempt at a Self-Criticism)」中，尼采曾以自嘲的方式對自己的寫作過程表示質疑。這篇為《悲劇》第三版所寫的精彩前言寫於1886年，當時尼采正處於自我評價時期。通過使用短語「藝術家的形而上學」，尼采一方面意指某類定制的形而上學可以賦予藝術一種重要性，這種重要性後來他自己也承認過於荒謬；另一方面則指使用藝術或偽藝術手法生成形而上學觀點，再用美的標準而非真實性標準對這些觀點加以檢驗。因此，有人將《悲劇》視做一次康德式的先驗的論證，其遵循

的一般模式是：x是既知事實，即論據。那麼為使x成為可能，何種其他的既知事實是必須的？尼采的論據與任何其他哲學家迥然相異，他賦予審美經驗以優先性，而審美經驗，即便在考慮之中，也通常是哲學範疇裏排序靠後的因素。尼采將我們創造日神藝術(雕塑、繪畫，尤其是史詩)和酒神藝術(音樂、悲劇)的體驗作為他的論據，詢問為使我們擁有這些體驗，世界必須如何。我們已經看到尼采將日神藝術比做夢，而使酒神藝術作為夢之本質的最初顯現與醉的狀態相一致，這種狀態是感知到的個體化原則得以克服的深度方式，是清晰性的喪失，是個體特徵的消弭。

　　既然我們已經領悟到，日神象徵着美麗形象而酒神使我們盡情體驗現實同時又不被現實摧毀，那麼，為何我們還需要兼備兩者？之所以我們被如此建構，是因為現實的體驗必須被保存起來，以待特殊情況下備用，正如希臘人意識到的：它是為節日而準備(尼采寫作《悲劇》時，首屆拜羅伊特音樂節(Bayreuth Festival)*正在籌劃之中，但直到1876年音樂節才得以舉行)。此外，更深一層的原因在於，形象本身並沒有問題，只要我們了解那就是它的真實狀態(這將一直是

---

* 瓦格納在德國巴伐利亞城市拜羅伊特親自設計了一座劇院，舉辦一年一度的拜羅伊特音樂節，上演自己的歌劇。1876年8月13日，第一屆拜羅伊特音樂節開幕，上演了瓦格納的四聯樂劇《尼伯龍根的指環》。

尼采作品中的一個關鍵主題）。正如我們所見，希臘史詩是日神藝術形式的一種，其最引以為豪的代表當屬《伊利亞特》（*Iliad*），一部因主題明晰和勾畫鮮明令我們欣悅的傑作。真實經歷過此段歷史的希臘人樂意為自己虛構一個眾神自娛自遣的王國，對此，尼采的評價值得回味，他認為這是「神正論唯一令人滿意的形式」（《悲劇》，3）。正是在這個層面上，在《悲劇》第一版中出現過兩次、後來又在《自我批判的嘗試》中得到重申的一個論述才成立：「只有作為一種審美現象，世界才具有存在的合理性。」（表述略有不同）對於荷馬（Homer）時代的希臘人來說，極貧乏的生存狀態令人不堪忍受，因此，他們表現出一種英雄式的藝術本能，將戰亂頻仍的生活轉變成一種壯觀的景象。這就是他們需要眾神的原因，他們並不以求得更好的來生安慰自己，就像構想另一個世界時所通常懷有的動機那樣，而是在他們自己所可能擁有的任何一種生活和眾神的不朽生活之間作出區分。荷馬曾令人震驚地向我們表明，眾神正因為具有不朽之軀，所以可以肆無忌憚，不顧責任。「誰要是心懷另一種宗教走近這些奧林匹斯山之神，想在他們那裏尋找高尚的道德，甚至尋找聖潔、非肉身的空靈、仁慈與憐憫，他就必定會悵然失望，立刻調首而去。」（《悲劇》，3）

尼采一生都對「英雄氣慨」充滿懷疑，如果我們

還可以賦予這個概念某種意義，那麼這一定發生在對英雄景象的想像過程中。在《悲劇》中，尼采首次嘗試給一個短語注入力量，在後來的寫作中，他也一直對這個短語情有獨鍾，這就是「強者的悲觀主義」。尼采從未幼稚到成為一個樂觀主義者，像一個「非英雄」那樣認為生活會一如既往地美好。而我們普通人，作為「非英雄」，只能汲汲於「生活質量」（有人希望尼采會對這個糟糕透頂的短語作出恰如其份的評價）。當我們認為「生活質量」無法改善時，便轉而成為悲觀主義者，而不是感傷主義者——或如尼采所言的「浪漫主義」者，悲嘆着生活的苦難，同時還可能將這種悲嘆恰到好處地轉化成柔和的詩歌形式

尼采對荷馬(Homer)以及他在《伊利亞特》中創造的不朽英雄的禮讚充份說明，日神藝術本身並沒有問題。但是，它縱容一種幻想，因此存在着固有的不穩定性，易於蛻化而變得不那麼有價值。有些探索很可能通向繁難，史詩時代的希臘人拒絕進行這樣的探索，而當他們更加清楚自己與眾神的關係時，史詩時代便產生出悲劇時代。尼采從很多方面論述過這一重大的轉變，其中大多深受他對叔本華的崇奉的影響，這種崇奉充滿激情而又十分短暫。在《悲劇》第一節末尾，尼采寫道：「人不再(像曾經創造眾神的人那樣)是藝術家，他已經成為藝術品：整個大自然的藝術力量，以太一的極樂滿足為鵠的，通過醉的顫慄顯示

出來了。」讀到《悲劇》中位置比較靠前的這一一段論述，我們依性情不同或震驚或惱怒，尼采就是要在論述中不斷激發讀者類似的情感。他有着大量深刻而動人的藝術體驗，而其他經驗卻寥寥無幾，所以只能以一個偉大的批評家在批評的古典傳統衰落之後僅有的方式使這些經驗具有意義：通過寫作一部作品，似乎能隨着作品的自然展開，不斷複製那些體驗的力量和豐盈。

在這樣的寫作模式下，讀者首先接觸到的是詞彙和短語，隨後才去思考它們的意義。尼采原本可以在寫作生涯中一直採用這一模式，但他很快意識到此模式並不適合帶有學術論文性質的專題著作。上段的引述就是一個很好的例證。尼采將荷馬時期的希臘人描述成藝術家，並且由於他們富於創造力（幫助他們忍受生活的能力）、能夠虛構出任性多變的眾神形象，尼采進而認為，希臘人自身就是藝術品。但是，這樣的更進一步首先是一種出於嚴肅目的的文字遊戲，闡明觀點之後，仍需進一步證明。叔本華的概念，即在所有的個體表象之下是單一的、本質上不會改變的太一（這一概念為尼采的思考提供了框架），援助了尼采；尼采由此讚頌創造悲劇的希臘人將人變成藝術品，或按尼采的說法，將人變成「生活的藝術家」。希臘人意識到，為了直面現實而不是陶醉於美麗的外表，他們必須面對生活本質上乃個體之永恆毀滅這樣的現

實，放棄彼此的疏隔，全心為酒神藝術而歡欣；酒神藝術是他們得以抵禦野蠻人的酒神節的堡壘，這個節日的核心內容「是一種癲狂的性放縱，其浪潮吞沒了一切家庭生活的莊嚴規範。天性最兇猛的野獸在此脫開韁繩，甚至連被我始終視為『女巫之淫藥』的那種東西，即愛慾與嚴酷的掃興混合物，也釋放了出來」（《悲劇》，2）。

也就是說，藝術總是具有形式，即便是最極端的酒神藝術也不例外。形式甚至可以達到篡改主題內容的程度，主題內容本身是不名其狀的痛與樂的旋渦，其中痛苦佔據着主導地位。但是，藝術需要這種篡改，若不如此則難以為人接受。因此，尼采在書的最後部分論述瓦格納的《特里斯坦與伊索爾德》時宣稱，它必須是一部戲劇，因為戲劇中有角色，即個人，這就意味着日神在發揮作用。在該劇的第三幕裏，特里斯坦這個角色居於我們與瓦格納的音樂之間，特里斯坦經歷死亡，而我們，在盡可能接觸到原初現實之後，生存了下來。因此，悲劇英雄都是一些有着犧牲精神的受害者，我們經由他們得到「救贖」。「救贖」是瓦格納和基督徒愛用的一個詞，尼采此處用過之後很快後悔，但這仍不妨礙他在其他語境下為了論述之便繼續使用這個詞。我跳過了《悲劇》中間各章，以便展示尼采如何試圖在希臘悲劇和瓦格納歌劇之間建立連續性。在尼采看來，後者勢必比前者對我們更有意義，因為希臘悲劇演出的音樂已

經失傳，我們只能從現存的關於觀眾反應的記錄推斷音樂的效果：觀眾陷入一種醉（Rausch）的狀態，而這一狀態直到此時才再度為我們所擁有。若不是面對一個群體的觀眾，這種狀態就不可能出現。這個觀眾群體產生的是相當於現代足球觀眾所有的那種身份喪失感，只是更高級些。但是，我們必須關注醉產生的方式，否則，在足球觀眾和悲劇觀眾之間就無法作出質的區分。尼采很快便感覺到，出於一些複雜的原因，瓦格納歌劇的觀眾和相應的醉後鬧事的酒徒無甚差別。但這一想法隱藏於痛苦的未來之中。在當時，尼采試圖藉助將具有相同幻覺的人們聯合起來而復活集體精神。這是「我們要面對的嚴肅的德國問題」。在這一階段，尼采認為，德國人具有其他民族所欠缺的對絕對真理和價值的感知力，這一能力很大程度上來源於德國豐富的音樂遺產。

《悲劇》的開篇說明了日神和酒神的二元性，結尾幾節又論述了兩者極為複雜的辯證關係，通過這種關係，兩者相互滋養。而在書的中間部分，我們了解到尼采對希臘悲劇的巔峰〔埃斯庫羅斯（Aeschylus）和索福克勒斯（Sophocles）〕和衰落〔歐里庇得斯（Euripides）〕的闡釋，這種闡釋極為系統，幾近怪誕。尼采的中心論點是，歌隊在巔峰時段起着主導作用，通過它，觀眾在舞台上看到自身的映像被提升到壓倒一切的頂峰，達到痛苦和變形的極致。然而，當歐里庇得斯（他流傳下來的戲劇作品遠遠多於前輩戲劇家）登上舞台時，他對

個體、心理，最糟糕的是，對理性之效力(或如尼采所言，對「辯證邏輯」)顯示出很大興趣。尼采毫無猶豫地指出，給歐里庇得斯帶來如此腐化影響的是蘇格拉底，蘇格拉底(Socrates)罪當飲下毒芹，原因不在於他對雅典青年的教唆，而在於他對原本有可能得以延續下來的悲劇性偉大的破壞。「歐里庇得斯成為了審美蘇格拉底主義的詩人。」(《悲劇》，12)

蘇格拉底之所以成為一個如此激進的反悲劇的人物，就在於他相信理性之萬能——儘管可能會有人指出，在《柏拉圖對話集》這部在學者們看來最有可能代表蘇格拉底自己觀點的著作中，除卻從反面說明，關於理性萬能這一點並沒有進一步的論述。而尼采對蘇格拉底的描畫並不符合這一觀點。

> 直覺智慧在這個完全反常的性情中出現，只是為了在某些地方阻止清醒的認識。在一切創造者那裏，直覺都是創造和肯定的力量，而知覺則起着批判和勸誡的作用。在蘇格拉底那裏，卻是直覺從事批判，知覺從事創造——真是一件赤裸裸的大怪事。
>
> (《悲劇》，13)

對於蘇格拉底這個形象，尼采從未感到游刃有餘；與尼采同他的萬神殿和反萬神殿中的其他主角的關係一樣，他與蘇格拉底也保持着一種痛苦的矛盾關

係。原因在於，尼采並不認為直覺和知覺的關係像他此處聲稱的那般簡單，他更確信的是：

> 辯證邏輯中的樂觀主義因素，它在每個推論中歡慶自己的勝利，只能在冷靜的清晰和知覺中呼吸自如：這種樂觀主義因素一旦侵入悲劇，就會逐漸蔓延覆蓋其酒神世界，迫使悲劇自我毀滅——最終縱身跳入市民劇而喪命。我們只需要考察一下蘇格拉底的一些箴言：「知識即美德，一切罪惡源於無知，有德者即幸福者。」悲劇的滅亡已經包含在這三個樂觀主義的表述中了。

> （《悲劇》，14）

這是一段精彩的控訴，儘管它與歐里庇得斯無甚關聯。西方哲學中理性主義的偉大傳統與樂觀主義驚人一致地攜手並進，這並非偶然，而直到叔本華，我們才遇到一個悲觀主義的哲學家，他與一個信仰非理性意志至高無上的反理性主義者相契相合，這也不是甚麼巧合。由於柏拉圖主義和基督教的聯合，西方傳統一直以來就對悲劇充滿敵意，而那些偉大的悲劇，尤其是莎士比亞（William Shakespeare）和拉辛（Jean Racine）的悲劇，不是被排除在神學語境之外就是與這一語境關係緊張。因為音樂的缺席，尼采並不認為莎士比亞是一位成熟的悲劇作家。這一判斷使得尼采處境十分尷尬，對於這種處境，他幾乎是以全然逃避的

態度來面對的。《悲劇》中有關莎士比亞的一個經過簡短論證的段落是對哈姆雷特(Hamlet)的深刻洞察。尼采將哈姆萊特視做一個洞悉酒神世界的人，意識到所有行動的徒勞無益——他不是一個猶豫者，而是一個絕望者(《悲劇》，7)。不過，尼采並沒有考察，如果這能夠產生完整的悲劇效果，那麼它又如何產生。

更值得商榷的是，尼采根本不去解釋音樂悲劇如此匱乏的原因。他似乎想當然地認為瓦格納創作了這類悲劇——儘管在筆者看來很明顯的是，瓦格納並沒有。確實，一個又一個作曲家已經用音樂至高無上的力量證明，不管舞台上的戲劇多麼糟糕，它們都可經由音樂得到拯救。事實上，真正打動尼采的是音樂與其他藝術的不同，它能引起極度的癲狂。他賦予悲劇傳統意義上的高尚位置，因為這一藝術形式顯示出，即使生活顯然令人難以忍受，我們依然可以生存。由此，尼采實現了合二為一。

也正是在這一點上，尼采對叔本華的依從最可商榷。叔本華也相信音樂能使我們直接領悟意志的發展變化，因為音樂不以概念為中介。然而，在他對意志的本質——永恆奮鬥卻永無成就——的一般論述中，很難看出我們怎樣或為何會願意在一種讓人直接沉浸於其中的藝術中獲得快樂。

在某種程度上，尼采修訂了叔本華的觀點，他宣稱太一(Primal One)是痛苦與快樂之混合，但是如前所

述，痛苦處於主導地位。尼采所做的是試圖回答一個傳統問題：我們為何喜歡悲劇？他認為以往的答案淺薄而自負，因而明智地擺脫了它們。但是，在努力將悲劇塑造成一種能轉變看似不可轉變之物的中介的過程中，他越過了目標，自己掉進了將真與美等同的陷阱中，對於這個陷阱，他後來以強有力的措辭予以抨擊。此時此刻，我們想要問他一個問題，也是十多年後他自己問出的問題：為何是真理而不是非真理？是何種內在於我們的東西促使我們尋求真理？

在《悲劇》中，尼采似乎回答了這些問題，只是答案不甚清楚。事實上，直到生命的最後階段，尼采才充份深入這些話題。然而，值得注意的是，此時的尼采已經開始他一生的重要探詢：一旦看清了生存的真實狀態，我們該如何使它變得可以忍受？尼采是通過引用狄俄尼索斯(Dionysus)的朋友西勒諾斯(Silenus)的故事來說明這個問題的。西勒諾斯說：「可憐的浮生啊，無常與苦難之子，你為甚麼逼我說出你最好不要聽到的話呢？那最好的東西是你根本得不到的，這就是不要降生，不要存在，甚麼也不要是。不過對於你還有次好的東西──立刻就死。」(《悲劇》，3)然而，儘管西勒諾斯很「機智(wise)」，徹底悲劇性的智慧〔尼采一直很反對Wis-senschaft(知識、科學)和Weisheit(智慧)〕最終還是將他擊倒。這一結果是通過日神和酒神之間複雜的相互作用達成的，書中後半部

分一些相當晦澀難解的巧妙構思即着墨於此。隨即，尼采給出了最具啟發性的評價：「悲劇神話所喚起的快感，與音樂中不和諧音所喚起的快感有着同一個根源。酒神衝動及其在痛苦中經歷的原始快樂，乃是孕育音樂與悲劇神話的共同母腹。」（《悲劇》，24）

讀者可能已經意識到，這就是勛伯格（Arnold Schoenberg）[*]後來熱烈宣稱的「不和諧音的解放」。因為，儘管我們發現沒有需要消解的不和諧音的音樂單調乏味，世界卻似乎更願意無窮無盡地向我們展示不和諧音，只是間或有所停頓。但是，就此階段而言，我們沒有必要對這一點窮追不捨。尼采的確為我們提供了一種藝術家的形而上學，在這種形而上學中，物質世界頑固地抗拒着被組織起來的命運，由此推動着創造力不斷取得成就——這創作同時也是一種模仿，因此我們可以說藝術也同時在向我們展示現實，但卻是通過對現實的變形而展現的。在《杜伊諾哀歌》的開篇，里爾克（Rilke）[**]寫道：「因為美無非是/我們恰巧能忍受的恐怖之開端，/我們對它充滿敬畏，則因為它寧靜得不屑於摧毀我們。」〔米切爾（Stephen Mitchell）譯[***]，此處稍有改動〕可以說，詩中表現了《悲劇》的基本思想。這

---

[*]　阿諾爾德・勛伯格（1874–1951），美籍奧地利作曲家、音樂教育家和音樂理論家。

[**]　里爾克（1875–1926），奧地利著名詩人，著有《生活與詩歌》、《夢幻》、《杜伊諾哀歌》等。

[***]　指英譯文。

一思想至少令人感到不安，甚至是厭惡〔揚（Young），1992：54-55〕。它決然地抹掉了崇高與美之間長期以來的差異，將前者納入後者，並成為其中的首要元素。但這還不算是該思想中最震懾人心的革新。更重要的是，它宣佈了尼采的畢生事業所堅守的信仰，他以英雄般的氣慨在生命中將這一信仰顯現。他沒有習慣性地給予生活中的痛苦一個否定角色，在當代場景中這樣的否定角色比其他任何事物都讓他感到壓抑。與此同時，他糾纏於一種景象，即世界將成為一片恐怖之地，任何想從道德方面賦予世界意義的嘗試都根本不可能。這就是為何在《自我批判的嘗試》一文中，在比任何人都更嚴厲地批判了《悲劇》並聲稱他發現這是「不可能的」之後，尼采仍然發現「它業已顯示出一種精神，這種精神不畏任何風險來反抗生存的道德闡釋和意義」（《悲劇》，《自我批判的嘗試》，5）。在幾行論述之後，尼采明確指出：「基督教精神是人類迄今所聽到的對道德主題的最無節制的闡述。」這不過是事後之見，但尼采一直都對苦難〔指其他人的苦難——對於自己他倒是一個令人難以置信的斯多葛派（Stoics）〕頗為敏感卻是個事實，為此他從各個方面為苦難尋求「解釋」，包括苦難對人的益處，苦難作為惡行之懲罰，以及其他在千年來無法忍受的生活中所流傳的種種空話。

尼采自己和其他人對《悲劇》的各種指責大多並非言過其實，但《悲劇》卻是許多古典學者和人類學

家獲得啟示的豐富源泉。與此同時，由於對日神—酒神之二元性的強調，《悲劇》對世俗世界的想像影響深遠。反復閱讀這本書，總會有新的收穫。一旦弄清全書的脈絡，就會從中發現許多在尼采的其他著作中所沒有的特別洞見。然而，有一種細讀卻收效甚微，這就是現今流行的那種尋找奇難、斷裂和自我顛覆的閱讀，以及解構主義者工具箱中的其他貨色。這些方法只適用於思路明晰連貫的作品，毫無疑問，《悲劇》缺少這種明晰。事實上，只有在尼采的熱情中，我們才能找到一種連貫性。正是帶着這樣的熱情，尼采在情感的推動下毅然決然地將他最珍視的主題與表現這些主題的偶像焊聯在一起。換言之，這是一部年輕人的作品，與後來的作品相比，它並不完全忠實於作者。而且，最令人訝異的是，它是迄今為止對悲觀主義世界觀最樂觀的表達。

第三章
幻滅與隱退

　　直到《悲劇》問世，可以説是尼采一生中最快樂的時光，也是他不受疾病、孤獨和排擠困擾的最後時光。1872年，隨着瓦格納夫婦離開特里布森(Tribschen)遷往拜羅伊特(Bayreuth)，尼采一直以來擁有的溫暖而受益頗豐的友誼也告一段落。瓦格納離開後，尼采開始質疑瓦格納歌劇的質量和目的。直至生命結束，尼采從未放棄對這些疑惑的思索。然而於公開場合，尼采仍然是一個瓦格納信徒，為着一項迫切需要宣傳的事業積極地進行宣傳。尼采很快意識到他在《悲劇》中過高地評價了德國文化，他對德國文化的狀況變得憂心忡忡，因而開始着手寫作一系列針對時事的短文，稱它們為《不合時宜的沉思》。尼采計劃寫作十三篇，但只完成了四篇。不過，也許兩篇就夠了。這些文章很長，篇幅都在五十頁以上，這説明尼采並沒有找到一種寫作形式，恰到好處地表現自己的天賦。在文中，為了解釋和提出一個觀點，他往往訴諸漫無邊際而又流於鋪張的表達，這在尼采一生中是僅有的一次，其風格遠不如《悲劇》那般引人入勝。

然而，《沉思》更根本的問題還不在於這些方面。書中，在對當代文化之健全性進行評價時，尼采對《耶穌傳》的作者、年老的施特勞斯(David Strauss)*發起攻擊，並且在尼采看來，作者的另一本書《舊信仰與新信仰》危害更大。此外，尼采還親自實踐歷史編撰學並且頌揚叔本華和瓦格納的天賦。然而，除了第二篇「歷史學對於生活的利與弊」以外，尼采在上述過程中並沒有找到符合他關注的對象的主題。在第一篇中，被他選為批評對象的施特勞斯的那本書，簡單得不值得細品，平易得不適合睿智的嘲諷，讀者因此疑惑，尼采為何要為它費神，而且很明顯，他確實這樣做了。儘管如此，這篇文章仍值得一讀，它探討的話題和阿諾德(Matthew Arnold)**的《文化與無政府狀態》極為相近，兩者連措辭都令人驚訝地相似。因此，最有效的閱讀方式就是將這篇文章與阿諾德的那本淺顯而又頗有影響力的小冊子一起閱讀。文章中包含着尼采最富啟發性的一個新詞，「文化庸人」，即那類知道自己應該知道的，並且確信這不會對自己造成影響的人。

《沉思》的第二篇是一部偉大的作品，是對我們在何種程度上能在擔負知識，尤其是歷史知識的同時又不喪失自我的真正思考。文章最後熱切地呼籲我們

---

*　　施特勞斯(1808–1874)，德國作家、神學家和歷史學家，《耶穌傳》是其代表作。

**　馬修·阿諾德(1822–1888)，英國19世紀著名詩人、文化批評家。

去採納希臘人的文化觀念、抵制羅馬人的文化觀念，因為前者是一種「作為新的改善了的生長之物的文化概念，沒有內在與外在，沒有掩飾與習俗，是作為生活、思想、表象和意慾之一體原則的文化」（《沉思》，2.10）。尼采的表述相當精彩，但卻像是學校授獎演講日中的發言，因為這段話中所體現的情感並沒有在文章中得到充實。《沉思》的第三篇「作為教育者的叔本華」讓人頗感困惑，因為它甚少涉及叔本華本人。對於這位折衷的悲觀主義者，尼采所懷有的信徒情結已漸趨減少，他讚頌的主要是這位哲學家對學院哲學家的蔑視。其實，對於這一點，叔本華自己在《附錄與補遺》中有着更加中肯的說明。《沉思》的最後一篇「瓦格納在拜羅伊特」讀起來有一定難度。即便我們不了解在寫作這篇文章的同時，尼采也在他的筆記中記錄了關於瓦格納的一些嚴重問題，我們仍可以感覺到有些地方出了差錯。這是尼采唯一一次讓人聽起來言不由衷，他試圖重新捕獲一種心理狀態，這種狀態在持續時曾經那麼美好，但卻在以驚人的速度逃向過去。瓦格納對此文——「朋友，你怎麼對我那麼了解？」——的熱情，只有一種解釋：他太忙而沒有時間去讀它。這一解釋本身成為尼采一生(極少數關鍵事件)中下一個關鍵事件的前兆：參加1876年首屆拜羅伊特音樂節並與瓦格納決裂。

　　大多數尼采批評家都樂意看到尼采最終成為一個

瓦格納反對派，大概因為這樣一來他們認為自己就不需要對瓦格納有太多了解。當然，這樣的情形根本不會出現，因為瓦格納比其他任何人，包括蘇格拉底、耶穌以及歌德（Goethe），都更多地成為尼采作品中的主角。不過，從一個更嚴肅的層面來看，批評家們也許意識到，如果尼采一直是一個瓦格納崇拜者，他就無法忠實於自己，只有在忍受了決裂的極度煎熬之後，他才保持住真實的自我。對於這一切，瓦格納在很長時間內甚至並不知曉。我們無法按輕重之分來辨別哪一個才是導致決裂的真正理由。毋庸置疑，尼采對拜羅伊特音樂節所抱有的天真期待被擊得粉碎；瓦格納的期待也被擊碎，但他明白當時形勢的實用性所在。《沉思》各篇應該保持平衡，儘管糟糕的是它們並非如此。不過，尼采的這一嘗試至少說明，拜羅伊特音樂節需要得到有錢人的支持，同時它也意味着，這次旨在成為社會以最小代價慶祝共同價值觀的節日，變成了另一種場合，在其中最為顯眼的是時尚界的文化庸人，另外還有皇室成員和其他無關人士。

尼采對身處這些人之中感到惶恐，他逃到附近的鄉村以治療使他日益憔悴的頭痛。在那裏以及後來，他仔細地考察了自己同瓦格納本人以及作為藝術家的瓦格納之間的關係。此時，尼采很明確地感到，他不再想成為任何人的信徒——這肯定是一個關鍵因素。也許他曾經愛慕過科西馬，對此我們尚無明顯證據，但這樣的推斷

似乎不無道理。最不令人信服的倒是尼采最着重於對外強調的那番解釋：瓦格納已經成為了一個基督徒。據尼采稱，兩人友誼的最終破裂緣於他收到了瓦格納的詩集《帕西法爾》（Parsifal）。而事實上，在1869年瓦格納朗讀該詩的散文體草稿時，尼采不僅在場而且聽到瓦格納就詩的主題發表看法。因此，兩人關係的破裂不可能如尼采所聲稱的那樣屬突然之舉。此外，尼采自己想要成為一名作曲家的理想，以及在這方面令他尷尬的失敗，這兩個因素也應予以考慮。他會在瓦格納面前彈奏業餘鋼琴曲，而且直到很久以後還在創作合唱歌曲，不過，它們聽上去倒像是公理教會的聖歌，只是在幾個音符上有些差錯，這些歌曲是「生命的讚歌」或「友誼的讚歌」——很明顯，這樣一個人無法在音樂方面判定自己的天賦。

不僅是作為作曲家，尼采感到失望。全面地講，他還是一個壯志未酬的有創造力的藝術家。這在很大程度上解釋了他在作品中對待偉大藝術家，即使是他最崇拜的藝術家時那種自始至終目空一切的態度。尼采是一類作家的典型代表，從最好的方面看，這類作家的洞察力無可匹敵；從最壞的方面看，他們傲慢無禮，性格扭曲。他們自己沒有能力從事藝術創作，於是搜刮別人的成果來填充自己的視野。也許所有偉大的批評家（不管在甚麼情況下，都是很少一部分人）都是如此。人們當然不會到他們那裏尋求對作品的精確

闡釋——只有非常優秀的批評家才能提供這樣的闡釋。然而，不管怎樣，看到偉大的藝術家的形象在熾熱的想像中漸漸似大理石般被歸類為「經典」，總是令人欣悦的，這種想像提供的是對藝術家的奇特的、具有高度「偏見」的看法。這樣的理解也許比其他任何因素都更好地解釋了諸如《悲劇》這樣的作品為何具有持久不衰的影響力。

也許，最有助於我們看清兩人關係破裂的方式是，在瓦格納身上，尼采生平唯一一次見到他的一種象徵化為肉身。很顯然，在《悲劇》之後出版的作品中，幾乎所有專有名稱代表的都不是個人，而是各種運動、趨勢以及生存方式。尼采寫作中的這個特色常常是富有創見的，但偶爾也會讓人覺得違背常情，甚至產生誤導。就瓦格納一例來說，困惑之處在於，對於尼采來說，瓦格納首先的確意味着他曾「與名人結交」（《快樂的科學》），尼采無法在寫作中將瓦格納其人與他所代表的事物分離開來，以至於尼采對瓦格納所表現出的矛盾情感在程度上遠遠超過對他的其他「反面英雄」。即便不曾與瓦格納相識，尼采也難免會在作品中給他留出一個重要的位置，因為瓦格納以最便利的方式為他總結出了19世紀晚期文化的諸多特點。對於這些特點，尼采是深惡痛絕的，儘管這種厭惡並不像他本來希望的那般堅決果斷。然而，失掉作為朋友和導師的瓦格納，卻讓尼采承受了遠超過他承

受限度的代價，雖然這是必經之途。

　　尼采以他所能一直倚靠的唯一方式來處理問題：他勤於寫作，完成了一部新作，在幾乎所有方面都顯示出他迅速增長的力量，從此以後，大多數作品的寫作模式也由這本書得以定型。這部作品就是《人性的，太人性的》（*Human, All Too Human*），副標題為「一本獻給自由精靈的書」。該書共包含九章，每章都有一個非常籠統的名稱，分成638個編有序號的小節，其中許多帶有標題(尼采後來又出版了兩個內容翔實的續篇，因此整部書是尼采所有作品中篇幅最長的一部)。和所有其他以這種模式寫作的書一樣，這部書讀來十分費力。各節雖是按主題劃分，但尼采常常允許自己在其中自由發揮，連珠炮似的向讀者提出某些話題，隨後又迅速用其他話題將這些話題替換，這樣一來，讀者根本無法記清讀過的內容，這令人十分沮喪。解決這個問題的唯一途徑就是對那些印象尤為深刻的小節作標記，以便回頭查找。儘管採用這樣的模式有些冒險，但它卻構成了尼采寫作策略的一個關鍵因素。在寫作中如此頻繁地、突然地使用該策略表明，尼采已經開始對《悲劇》的偽敘述感到不滿。雖然辭藻鋪張，《悲劇》倒是易於記憶，就因為它有一個前後連貫的主線。

　　然而，儘管《人性》中不斷有新的突破，這部書還是讓人感覺到並沒有體現尼采最真實的水平。正文前致

伏爾泰（Voltaire）的獻詞即顯出這樣的徵兆。因為，儘管尼采可能認為，伏爾泰輕鬆靈動的淺顯思想是自己在堅持不懈地探索深奧的浪漫悲觀主義之後真正想要的東西，但將這兩種性情視做本質上彼此對立卻令人難以苟同。伏爾泰對樂觀主義的批判之作《老實人》，本身即是一部地道的充盈樂觀情緒的作品。其實，伏爾泰吸引尼采之處，正如17世紀的那些箴言作家對尼采的吸引一樣，在於風格上的硬朗。它有着一種日神式的品質，暗示着可以將經驗包裹在一個個簡潔而又引人注目的形式中。所有好的箴言式作品讀來都使人疲倦，因為讀者必須完成作者的一大部分工作。作者提供了一個句子，讀者就要把它擴展成一個段落。尼采曾說，他要以一頁篇幅寫出其他人得用一本書表達，並且還沒有表達清楚的思想。然而，尼采渴望使用的那種箴言或準箴言具備改造讀者意識的效果：換言之，它們有着與諸如拉羅什富科（La Rochefoucauld）*的格言警句相反的效果。尼采身上最顯著也是他最擅長的一點是，將經驗從以往的束縛中反向釋放出來：他的顛覆、戲弄和侮辱使我們不僅因為自己的生存方式，並且因為我們自滿於擁有實現自我的最佳範疇而感到羞愧。這些表述並不單調乏味，也不使人感到厭煩，因為它們引導我們朝向一種強化了的意識，即意識到我們有可能逃離常規，不再固守自我。這一直以來都是法國道德家的傳統特點，他們是觀察家，

---

* 　拉羅什富科（1613–1680），法國箴言作家，代表作為《箴言集》。

善於優雅地描述人類固有的生存狀態。他們讓讀者因羞愧而顫抖，但並不期望讀者會因此變得與以往不同。

因此，尼采連篇累牘地拿這些道學家調侃打趣，所針對的更多是他們言說的方式而非言說的內容。但這也暗示着某種古怪之處：自始至終，尼采都固執地堅持內容和形式的不可分解。否則他怎麼會在《悲劇》中如此強調體裁，說明一部寫成戲劇而非史詩的作品能達到的效果截然不同呢？唯一的解釋是，他在以極端的方式遠離浪漫主義：每種事物都必須在日光下看得清清楚楚，與此同時還要包含無限的暗示意義。在《人性》中，尼采對前者的關注遠超過後者。其結果是，相對於他後來的作品，讀者感到，尼采在克制自己，在審視境況——以社會生活、激情、藝術家的心理以及孤獨為表現形式的人性，同時卻沒有意願去改變自己的典型特徵。可隨機舉書中一概括性段落為例：

> 對深切痛苦的渴望。——當激情過去後，留在身後的是一種模糊的對激情自身的渴望；甚至還在消失過程中，它就向我們投來誘惑的目光。被它的鞭子抽打一定還令我們感到快樂哩。相比之下，溫和的感受反而顯得乏味；同平淡的快樂相比，我們更願意接受強烈的不快。

> （《人性》，1.606）

這段話極為深刻，它使人產生認同，又不會因為認同而感到震驚。但在其他地方，尼采的精確表述卻可能是令人痛苦的：「強迫自己全神貫注。——只要我們注意到某人在同我們交往和談話中強迫自己全神貫注，我們就有了有效的證據，證明他不愛我們，或不再愛我們。」（《人性》，2.247）瓦格納在收到一本有尼采簽名的《人性》時曾說，終有一天尼采會因為他沒有閱讀這本書而感激他。事實上，《人性》的寫作向尼采揭示了他自身的某些方面，他一定對這樣的發現感到高興。首先揭示的是，尼采屬於那類不會放過蛛絲馬跡的人。在許多方面尼采的經驗範圍都非常狹窄，但這已足夠他觀察自己身處的文化、觀察自己的知交，並對他們進行全面的闡釋，這些闡釋常常令他們心生膽怯。在《瞧，這個人》這部古怪的自傳中，尼采的情緒在危言聳聽與滑稽模仿間令人目眩地來回變換。他慶幸自己長了一個美得出眾的鼻子，這是哲學家通常不屑於考慮的器官。而正是在《人性》中，這個器官的敏銳第一次得以全然彰顯。其次，《人性》顯示出，即使在貧困悲慘的境況下，尼采依然可以憑借自生的力量卓有成效地工作。正如在《悲劇》中一樣，人們感到，是寫作的動力產生了書中的華彩篇章。再次，也是最重要的是，尼采能夠全神貫注於一些主題，這些主題引起令人恐懼的苦痛卻不帶有絲毫憤恨。在《人性》中，尼采證明了他此前未曾

倡導過的思想，即最痛苦之事可以轉而成為良好的意圖，並且展示出奮發向上的精神。與此同時，尼采並沒有藉此契機突出自己就是這樣做的，而在後來一些作品中卻表現出這一惱人的傾向。

他的下一部作品《曙光》（*Daybreak*），副標題「論道德的偏見（Prejudices of Morality）」，繼續沿用了《人性》的寫作模式，但在內容上存在明顯不同，與他的晚期著作更加接近。在1878年《人性》出版受到普遍冷落與1880年寫作《曙光》之間的兩年裏，尼采的生活發生了巨大的變化，接下來十年的生活模式由此奠定。尼采的諸多朋友對他的這一轉變感到困惑，除了最忠實的幾位友人，其餘都與他日益疏遠。1879年，幾年前就該辭職的尼采終於辭去了巴塞爾大學的教授之職，學生們也已經對他的教學失去興趣。也是在那一年，尼采患嚴重的偏頭痛長達一百一十八天，這使他無法工作。1870年在普法戰爭中任醫學勤務兵時，尼采遭受着痢疾和白喉的雙重病痛，這使他的健康每況愈下。1870年代後期的某段時間裏，在旅居意大利時，尼采很可能又從一個妓女那裏感染了梅毒，最終導致精神失常和癱瘓。自此以後，尼采過着居無定所的漂泊生活，為了可以最大限度地獨處以從事寫作，他到處尋找有利於緩解病痛的地方。冬天他喜歡到意大利北部的幾個城鎮，夏季則到瑞士的阿爾卑斯山，自1882年後，這樣的安排成為每年的慣例。

尼采就閱讀《曙光》在書後提供了一些建議：「本書不是用來通讀或朗讀的，而是用來隨時翻閱的，尤其是在外出散步的路上或旅行的途中。你必須能夠一次次埋下頭去再一次次抬起頭來，直到發現身邊的一切都變得陌生。」（《曙光》，454）尼采的建議聽起來不錯，但若全然照做，讀者將永遠無法通讀全書。因此，類似於他以前的作品，一個閱讀的好方法應該是：先慢慢地通讀全篇，然後，如果可能，再採納尼采的建議。不過，也許尼采並不在乎提出好的建議，而是意在嘲諷。因為正是在這部被研究得最少的書裏，尼采回到了一生為之奮鬥的偉大道路上。這部書甚至可能是奮鬥正式開始的地方，但這樣說就忽略了《悲劇》曾經設定的研究進程。

第四章
道德及其不滿

　　尼采一生的根本關懷，就在於勾勒痛苦與某種文化或多種文化之間的關係。他根據看待普遍存在的痛苦的方式來對文化歸類分級，並以同樣的標準評估道德規範。這就是為何他先是對悲劇興致勃勃，而在意識到當代不可能存在悲劇後又意興索然。這也是為何他一直熱情地癡迷於生活中而非藝術中的英雄主義，並且最終用Übermensch[*]（我故意對此詞不作翻譯，因為英譯的兩個詞中，superman過於荒唐，而overman矯揉造作）來重新為英雄主義命名。這是他攻擊超驗形而上學（transcendent metaphysics）以及一切迷信來生的宗教的基點。當然，這也是他對「存在」最主要的關注點，因為痛苦貫穿他個人生活的始終。與人如何看待痛苦這一關懷密切相關的，是尼采對偉大而非善的關注。因為，任何偉大都同時伴隨着抵禦、吸收以及最有效地利用極度痛感的意願與能力。可以這麼說，偉大包含着對痛感的運用，而善則嘗試對痛感進行消除。尼采此後的作品都致力於探索這一深刻的區別。

----
* 　即「超人」。

在《曙光》中，尼采首次對道德機制以及道德所包含的權威性進行了深思熟慮的分析。

為避免誤解，有必要從《曙光》中詳盡地引用一個段落，這個段落使許多加在尼采身上的批評不攻自破：

> 否定道德的兩種不同形式。──「否定道德」首先意味着：否認人們所謂的道德動機真正激發了人們的行動，斷定道德只是一些說法，屬於或者粗鄙或者巧妙的欺騙(特別是自我欺騙)，是人類，也許尤其是那些德高望重的人的拿手好戲。其次，「否定道德」可以指：否認道德判斷基於真理之上。我們在此承認，道德的確是行動的動機，然而卻是這樣一種動機：它作為一切道德判斷的基礎，以謬誤將人們推向道德行動。這正是我的觀點：我決不否認，在許多情況下我們有理由認為，另一種觀點──也就是拉羅什富科和其他像他一樣思考的人的觀點──也同樣站得住腳，並且，無論如何得到了廣泛地應用。因此，我之否認道德，恰如我之否定煉金術：我否定它的前提，然而我並不否認確實存在過一些煉金術士，他們相信這些前提，並且按照這些前提採取行動。同樣，我也否認不道德：不是否認無數人覺得自己不道德這一事實，而是否認這種感覺具

有任何真正的理由。不消說，我並不否認——除非我是一個傻瓜——對許多被稱為不道德的行為應該加以避免和抵制，或者許多被稱為道德的行為應該加以實施和受到鼓勵——然而我認為，我們鼓勵道德行為、避免非道德行為根據的是其他理由，而不是迄今為止我們所找到的理由。我們必須學會以不同的方式思考——以便最後，也許是很久以後，收穫更多：以不同的方式感覺。

（《曙光》，103）

令人遺憾的是，尼采告訴我們「不消說」的話題，他自己也鮮有提及。因為，普遍流行的觀點是，尼采確實否認「對那些被稱做不道德的行為應該加以避免和抵制」，也否認諸如此類的說法。然而，請注意，在這部謹慎寫出的作品中——謹慎是《曙光》的一個典型特色，令人頗為訝異的是，人們很少談到這一特色——尼采確實提到「許多」行為，但並沒有具體指出是哪些行為。我認為，部分原因在於尼采的觀點在這一時期正經歷着劇烈的變化，而且他可能並不希望自己囿於某些特定的情形。然而在此階段，尼采也不確定取消道德的那些「前提」能夠在多大程度上改變已有的結論。在他緊接着所批判的那些前提中，包含着依據「人類的自保與發展」來定義道德目標的前提。對於這一點，尼采質詢道：

能否從中確切地得出結論，究竟是應該着眼於人類可能的最長時間的生存，還是應該着眼於人類最有可能的非動物化？在這兩種情形下，所需要採取的手段，也就是道德實踐，將會多麼地不同！……假設我們以實現人類的「最大幸福」作為道德的目的和內容，那麼，這裏的最大幸福指的是人類個體可以達到的幸福的最高程度呢，還是指所有人最終可以平均獲得的——必然是無法計算的——幸福呢？而且，為甚麼實現這種目的的途徑只能是道德？

（《曙光》，106）

尼采就這樣任思路馳騁前行，令無所適從的評論者心生猶豫，不知是否應對這部有價值的著作詳加闡發。尼采這樣做是有價值的，會累積成一部大部頭的作品，但篇幅總不會大過某類著作，後者只知道論述毫無價值的作品，比如論述康德的《實踐理性批判》。《實踐理性批判》無疑是哲學史上最令人失望的著作，產生於哲學史上最光輝的著作《純粹理性批判》之後。不管怎樣，此處我們無法對《曙光》詳加論述。和此前的作品一樣，《曙光》對諸多主題進行了反思，其中當代音樂佔有很大比重。但這部書的主要目的是表明道德所陷入的混亂局面。尼采以簡明的方式指出：「『功利主義』。——如今，我們的道德

感左右為難，無所適從：對於一些人來說，道德的功利性證明了道德；對於另一些人來說，道德的功利性卻駁斥了道德。」（《曙光》，230）

值得注意的是，《曙光》在提出各種主張時體現出了克制與謙卑。沒有跡象表明查拉圖斯特拉（Zarathustra）即將從他隱居的山上下來，擣碎我們所有的道德牌匾。書中所表達的大多數觀點在我看來無可反駁，但是很顯然，並非每個人都有這樣的印象。因此，我們看到仍然有許多人——其中包括哲學家——提出種種主張，比如：道德是一個自足的體系，對外在於它自身的事物無所依傍；道德建立於理性之中，道德的基礎可以被證實；道德如尼采所言，或者被它的功利性證實或者被它的功利性駁斥。詳細論述這些話題十分重要，但這樣就會錯過尼采思路拓展的要點。因為至少在以英語為母語的世界中，當前所有關於道德的爭論都存在許多為尼采所否認的假設。就我所知，所有這些爭論都還沒有作好準備，去認識我們所遇到的諸般互不相同的道德準則是如何從各種對世界本質的矛盾觀點中產生的。例如，常常聽到哲學家們談論對自己「直覺」的信任，認為無須檢視，除非這些直覺彼此相互矛盾——這真令人震驚。他們通常以「我的直覺是……」開始一個哲學討論，就好像他們代表了人類永恆的聲音。

也正是基於這樣的出發點——不是某個人自己的

直覺，就是那些「我們」共享的直覺——才使我們將尼采的許多道德主張習慣性地斥為「精英主義的」、「反民主的」等等。這是每一個尼采評論者都必須應對的一個關鍵問題，我將引用斯塔頓(Henry Staten)的一個完整段落予以說明。在我看來，斯塔頓寫作了一部最富啟發性的評價尼采的著作：

我們的道德信仰並非降自天堂，也不是我們為了確立德行而亮出的徽章一般的憑證。想想其他一切人類歷史吧，包括此時此刻我們這個星球上的多數歷史。面對這一殘酷、愚蠢以及痛苦的景觀我們能說些甚麼呢？相對於歷史，我們應該採取怎樣的姿態，作出怎樣的判斷呢？所有這一切是一個天大的錯誤嗎？基督教試圖通過制定一個神聖的計劃來彌補歷史的傷痛，它賦予歷史一種現時現世的理性，然後用來世加以補償，然而重視人性的自由主義無法贊同此種解釋。根本就沒有甚麼解釋，只有嚴酷的事實。然而，這個我們必須面對的嚴酷事實甚至比那個古老的解釋更令人難以承受。因此，自由主義的左翼將它納入新的敍述當中，根據這種道德敍事，一切固定在歷史機器上的生靈都被指派了明確的角色，成為壓迫或非正義的受害者。這種觀點隱含着一個目的論，現代左翼自由主義就是那個賦予其他歷史以形式和意義的終極目的。直到最近的時代才可能

出現象舒特〔舒特(Ofelia Schutte)在她的著作《超越虛無主義：撕去面具的尼采》中譴責了尼采的權力主義〕這樣的學者，她十分自信自己所給出的評價能夠被學術圈接納，就如同一個基督佈道者給虔誠的信徒所寫的話語那樣被接受。並且，只有在信仰共同體的保護範圍內，此一言語行為才能令人滿意地發揮作用，通過記誦實現的有價值的事才有意義。當這個道德共同體通過這樣的記誦重新認可了自己的信仰，它便得以發展壯大，因為它成為了歷史意義的載體，成為人們觀察歷史、作出判斷，而不只是絕望無助或閉目塞聽的場所。在歷史的背後也許沒有任何計劃，也不存在補償逝者的方式，但是我們可以繪製一條無形的公正之線，讓它貫穿於歷史之中，並以此對歷史施加影響。與令人生畏的「事實如是」的歷史相對，我們確立的是「應當如是」的威嚴。

然而我們的自由主義於昨日興起，也可能於明日衰亡。昨日之前，我們的祖先把黑人當成奴隸。我們身處於怎樣微弱的光芒之中啊，是否儘管它不可預見，易於消逝，卻幫助我們照亮歷史，同樣它也可能照亮未來？我們想說的是，就算我們的信仰共同體不再存在，也不會對這些信仰的有效性造成影響。公正之線將永遠貫穿於歷史當中。

（斯塔頓，1990: 78-79）

在這段令人印象極為深刻的論述之後，斯塔頓試圖闡明，他不是在一個相對主義的基礎上批評自由主義，而只是要強調尼采關於人的歷史地位以及價值觀具有偶然性的觀點。這必定意味着，僅僅像往常那樣對尼采晚期的觀點表示震驚是不夠的，這些觀點應被視做某種價值體系的一部分。正是憑藉着這些價值，尼采孤獨地、因而也是帶着日益尖刻的態度，應對生活。

《悲劇》以旁觀者的視角看待悲劇，一部分原因在於，它討論的是戲劇形式而非人類歷史。儘管如此，對尼采而言，存在之令人恐懼是永恆的現存事實這一點還是清楚地顯現出來。「只是作為審美現象，生命的正當性才能得到證明」──但是我們應記得，尼采在同一本書中還說過，我們自身將成為這個現象的一部分。「生命」並不存在，而我們只是坐在外圍的觀眾席上。如果尼采曾在1871年這麼認為，那麼，很快他就會以最令人沮喪的方式領受到這種想法的錯誤。

而且，道德真的意味着社會中得到正式認可的各種態度嗎？道德以基本的形式照看着我們的幸福安康，因此，當我們對他人不予理睬時我們至少仍會感到安全。這一點不可否認──當尼采說他並不否認許多所謂的非道德行為應加以避免等等時，他的意思就是如此。這裏所說的難道不就是審慎嗎？尼采說，當

然是。尼采認為，自柏拉圖以來的許多哲學家一方面（在低級層次上）向他兜售着審慎，另一方面（在高尚的層次上）兜售着道德，而且試圖以一種先驗的律令對待它們，這在他看來不過是傲慢的謬語。因此，存在着一種處在實用功能層次上的道德，這種道德為任何想要維持下去的社會所必須——儘管如果一個人足夠強大，他就可以在很大程度上不受束縛。但這樣的道德只是我們延續生命的手段，當我們到達生命的盡頭時，又該怎樣賦予生命以意義和目的呢？人們也常用「道德」一詞來掩飾這個問題，雖然有些人更願意談論「理想」，並聲稱理想從根本上說是屬於個人的。尼采沒有考察這些術語方面的問題，但當他譴責道德或道德的種類時，當他稱自己是非道德主義者時，他所想的是生命的目的和意義。

正是在這裏，問題開始變得複雜。為了盡可能解釋清楚，我將在一定程度上放棄對尼采進行時間順序的考察，同時着重討論貝曼（Frithjof Bergmann）*的一篇文章，《尼采對道德的批判》〔所羅門（Solomon）與希金斯（Higgins），1988〕。不過，應該在此重申的是，某些時候評論者之間的認同只限於觀點一致。在我要說明這一切的過程中，作為便利條件之道德與作為理想之道德之間的區分將伴隨着其他許多差異最終瓦解。

---

* 　弗里肖夫‧貝曼（1930–），密歇根大學哲學教授。

首先應當牢記的是，在某種意義上，尼采並不否定價值觀念的存在。認為他否定價值觀念的存在是一個普遍存在的錯誤，這令人感到詫異。但是，尼采所說的「虛無主義」主要就是指對價值的否定，他對即將到來的虛無主義的恐懼超過了任何其他事物。如果說有時他認為自己就是預見虛無主義的先知，這並不意味着他在告知人們虛無主義的到來值得慶祝，而是在耶利米(Jeremiah)是預見耶路撒冷毀滅的先知這一意義上的。他在一部又一部書中刻畫的是西方人漸趨加速地進入一種狀態，在那裏沒有甚麼價值觀能夠影響他們，或者他們口口聲聲說着這些價值觀念，而這些價值觀念對他們不再具有任何意義。這才是在尼采看來迫在眉睫的事實。那麼，同時代人無法洞見的這個災難是如何生成的，怎樣才能得到補救呢？

　　為了尋找答案，需要從兩個方面對道德進行考察：首先是它的基礎，其次是它的內容。人們至今仍在踐行的道德來源於希伯來—基督教傳統，就最廣泛的理解而言，這意味着它的源頭在於一個中東小部落的神的訓誡之中，並且，道德的內容大體保持不變。由此人們可以直接將這些內容以兩種方式先驗化。首先，它們的存在是無可辯駁的命令，如果違反就會受到懲罰，這曾經是神即時給出的報應。其次，既然它的內容顯然是為部落的生存延續而設計的，這些部落的生存條件在許多方面又與我們截然不同，它的內容

就必須抽象，並且與我們所處的生存條件相脫離。這樣導致的一個結果就是，一方面，道德變得晦澀難懂；另一方面，道德通過使我們成為與它相適應的那種人而強行與我們發生關聯，儘管我們知道，在許多方面這種關聯性並不真實。

不僅如此，這個問題還變得更加複雜，原因在於《新約》和《舊約》之間的分歧，以及基督在宣稱他是為履行律法而非破壞律法而來時所表現的不懇切（《馬太福音》，3：17）。他的許多深入人心的訓令與上帝的律法明顯矛盾，如「不要抵抗惡人」，而《舊約》仍是經文法典的一部分，因此，基督教總是處於一種道德認同危機之中。這是形成西方道德混亂的一個很重要的因素，但對尼采而言，它不過是一個邊緣問題。尼采的主要興趣在於普遍意義上道德律令的本質。

由於種種原因，近三百多年來，哲學家們一直熱衷於支持他們所繼承的道德訓誡，與此同時，也在試圖為這些道德訓誡尋找新的根據，這其中也包括否認它們需要任何依據這樣的極端情形。正是在這樣的情況下，我們為尼采出於對英國的恐懼去攻擊喬治·艾略特（George Eliot）*感到遺憾，他真正想要攻擊的是一種傳統，艾略特在這種傳統中不過是一個小小角色。攻擊出自《偶像的黃昏》（*Twilight of the Idols*），這雖是

---

* 　艾略特（1819–1880），英國小說家，主要作品有《弗洛斯河上的磨坊》、《米德爾馬契》等。

尼采晚年的一本書，卻像他的其他表現出睿智和苛刻的作品一樣，包含着他十年來一直探討的話題：

> 他們失去了基督教的上帝，現在卻更加堅信基督教道德應該堅守不渝。這是一種英國式的合乎邏輯的行為；我們不希望為此責怪艾略特這個重道德的小女子。在英國，每一次從神學的控制裏獲得一點解放，人們必定會以真正令人敬畏的方式顯示出自己是一個怎樣的道德狂熱分子，以此恢復自己的聲譽。在那裏，這是他們贖罪的方式。
>
> 我們其他人並不這樣做。當一個人放棄基督教信仰時，他就會把他對於基督教道德的權利從自己腳下抽離出去。這種道德絕不是不言自明的：人們得不顧那些英國的平庸之輩，一遍又一遍地揭示這一點。基督教是一個體系，一套對事物作整體考慮的完整觀點。如若有人打破了其中的一個核心概念，即對上帝的信仰，他就以此摧毀了這個整體：他就不再持有任何必然的東西了。基督教假定，人不知道，也不可能知道，對他來說何謂善何謂惡：他信仰上帝，因為唯有上帝知道。基督教教義是一種命令，其根源是超驗的；它超越一切批評及批評的權利之上；只有當上帝是真理時，它才擁有真理——它與對上帝的信仰共存亡。倘若英國人真的相信，他們「本能地」知道何為

善惡，倘若他們因此而認為，基督教作為道德的保證不再有必要，那麼我們目睹的就僅僅是基督教價值觀的支配地位所造成的效果，以及這一支配地位所顯示出的力量和深度：這樣一來，人們就遺忘了英國道德的起源，也不再感覺到這種道德之所以有權利存在的那些前提條件。對英國人而言，道德至此不再是個問題。

（《偶像的黃昏》，「一個不合時宜者的漫遊」，5）

將「英國人」換做「西方人」，這整個一段對我而言則變成了沒有答案的問題。然而很明顯，幾乎唯一對此表示贊同的就是基督徒，他們合乎情理地堅稱，自己的信仰可被看做一個「體系」（就這個詞的某種意義而言）。這裏，對尼采的論點最引人注目的支持，來自於G.E.M.安斯康姆*的著名(在哲學家中)文章《現代道德哲學》〔湯姆森(Thomson)與德沃金(Dworkin)，1968〕。同時，更令人印象深刻的是，安斯康姆在寫作時明顯不知道尼采的論點。作為一個傳統的羅馬天主教徒，她寫道：

責任和義務的觀念——也即道德責任和道德義務，某物從道德上講正確或錯誤的觀念，以及道德意義上的「應該」觀念，這些都應該棄之不

用，如果從心理上講可能的話。因為它們不過是某個早期道德概念的殘存之物，或者殘存之物的衍生物，而這個早期道德概念本身通常早已消逝。缺少了這一早期概念，它們只能是有害的。

（湯姆森與德沃金，1968：186）

不消說，安斯康姆的建議並沒有被證明為「心理上講可能的」。在這樣寫時，她毫無疑問就已經意識到了這一點。出於同樣的理由，尼采的斷言被認為是「不可能的」，即我們不可能知道用甚麼來替代這些「應該棄之不用」的術語。倘若繼續閱讀安斯康姆的文章，讀者就會不斷地對這個已然成為尼采信徒卻不自知的學者所採取的尼采式語氣感到驚訝。例如：

要對道德規範懷有一種法律概念就要相信我們所需要的……乃是神聖法律所必需的……很自然地，除非相信上帝是法律的制定者，否則，這樣的概念就不可能存在；就像猶太人、斯多葛派和基督徒……這就像是說，即便刑法和刑事法庭被廢止和遺忘了，「罪犯」這個概念也可以保留下來。

（湯姆森與德沃金，1968：192-193）

這樣說一點不錯，然而，使尼采和安斯康姆沮喪並且為他們所輕蔑的是，這正是人們設法去做的事

情，在大多數情況下並沒有受到相關的概念混亂的困擾，而且幾乎不加掩藏。

當然，尼采對於人在歷史中的這種表現最終意味着甚麼抱有根本不同的態度。在寫於1885年的著作《善惡的彼岸》(*Beyond Good and Evil*)裏，尼采將這個問題置於最廣泛的語境當中：

> 人類進化的奇特的限制性，它的躊躇猶豫、遲滯耽擱、頻繁的倒退以及交替循環，都立足於以下現實：群畜(herd)的服從本能被最大限度地遺傳下來，並且以命令的藝術作為代價。如果人們想像這個本能可以走到肆無忌憚的地步，那麼，就根本不存在甚麼發號施令者或獨立的人。或者，如若確實存在這樣的人，他們也會因敗壞的良心而受苦，而為了能夠下命令，他們就不得不將欺騙加於自身：這裏的欺騙指的是，他們自己也只是在服從。實際上，這種情況正存在於今天的歐洲：我稱之為發號施令者的道德虛偽。他們知道沒有別的辦法在他們敗壞的良心面前保護自己，除了擺出較古老的或更高級的命令(祖先的、憲法的、正義的、法律的甚至上帝的命令)執行者的姿態，或者甚至從群畜的思維方式那裏借來群體的準則，例如，表現為「民族的第一公僕」或「公共福利的工具」。另一方面，在當今之歐洲，牧

人（herd-man）把自己說成是唯一被允許存在的一種人，將他的各種品質作為人的真正美德，即公德心、慈善、體諒、勤奮、溫和、謙虛、克制、同情，由於這些特性，他是溫順的、平和的，並且對群畜有用。然而，就在領袖和帶頭人被視為不可或缺的這些情形下，人們一次又一次地嘗試着將聰明的牧人聯合起來以取代它們：例如，一切議會政體都有這個起源。儘管存在着這一切，對於這些如群畜一般的歐洲人來說，一位絕對的命令者的出現是多麼好的祝福，是無法忍受的負擔下多麼大的解脫。拿破崙的出現所造成的影響便是最近的一次充份證明：拿破崙影響下的歷史，幾乎就是這整個世紀在它最有價值的人身上和最有價值的時刻中所達到的較大幸福的歷史。

（《善惡的彼岸》，199）

這段極富尼采特色的段落可能會引起混合的反應。它游弋在令人信服的、雄辯的修辭論證式風格與旨在振聾發聵的措辭之間。尼采一定希望這些措辭可以震人耳目，即便它們會使大多數讀者畏縮退卻也在所不惜。「群畜」一詞以及它的同根詞的使用令人不安，所列出的那些為「牧人」所認同的品質同樣令人沮喪，因為我們也認同這些品質：公德心、勤奮、謙虛，諸如此類。我們認同它們是因為我們即是牧人，

並且完全不確信我們會成為其他別樣的人。我們甚至也不知道，即便可以成為另外一種人，我們是否願意。然而，我們還是開始感到不安了，因為有關服從的所有問題已經提出來了。我們很樂於服從那些我們相信是正確的指令，但問題在於，既然我們，或者我們中的一些人已經廢黜了發號施令者，為其麼我們仍會持有這樣的信仰？當然，道德信仰首先來自上帝的指令這一事實並不意味着，如果上帝不存在這些信仰就是錯誤的。這屬於「起源的謬誤」，一種為人熟知的破壞信仰的說法，不足為信。然而另一方面，對拋棄原有信仰就需要新的替代信仰這一說法，不認同則是不明智的，因為我們太容易像「英國人」那樣，認為我們「本能地」知道何為善惡——當然，如果我們果真知道，那真是非同凡響，因為我們沒有其他真正屬於直覺的知識。

眼下我還不想進一步探討尼采有關道德內容的具體觀點，除非那些觀點對他論述整個道德制度不可或缺。

尼采神氣十足地將《曙光》中開始的話題帶入了他的下一本書《快樂的科學》。正是在這部書裏，尼采為突破諸多價值觀念作好了準備，使他後來可以在《查拉圖斯特拉如是說》（*Thus Spoke Zarathustra*）中對這些價值觀念進行徹底剖析。《快樂的科學》是尼采最令人振奮的一本書，因為他在書中充滿自信地超越

了前兩本書所提示的數不盡的想法，與此同時，又沒有背負因為寫作《查拉》而加於自身的預言負擔。儘管對尼采所謂「實證主義」時期的有力抨擊仍在繼續，但是可以感覺到，我們對他的前進方向已經開始有了更為全面的理解。對後基督教時代的人所陷困境的深刻論述是《快樂的科學》最顯著的特色。在第125節，尼采發表了他最著名的宣言：上帝死了。

這一節的標題是「瘋人」。那些在市集上聽尼采如是宣講的人認為尼采瘋了，因為他們完全不懂他在說甚麼。人怎麼可能殺死上帝？這實際上是尼采在表達極度的痛苦，因為他看到了其他人所未見的上帝之死的後果，看到了這將會帶來怎樣長久的影響。一旦意識到上帝不再是他們世界的核心支撐，人們會有何種舉動，想到這一點他感到恐慌。尼采論述的精要在於，上帝是否存在並不重要，重要的是我們是否相信上帝存在。在過去的幾個世紀裏，對上帝的信仰已經漸趨衰弱，而人們並沒有注意到發生的一切。這一點最嚴重的後果就是對價值觀念的影響，因為，正如尼采在一篇未發表的筆記中所說的：「無法從上帝那裏尋求偉大之處的人，在其他地方也將無從覓得。他只能否定偉大或者創造偉大。」如若我們承擔創造偉大的重擔，那麼我們中的大多數或者全部，都會在這一重擔之下坍塌。然而，缺少了偉大，生活就毫無意義，即使偉大非人力所及。我們將在後文探討尼采從

基督教自身的內在矛盾追溯上帝之死的辯證邏輯。此時此刻，重要的是上帝之死的後果已經出現，而大多數人並沒有意識到這意味着甚麼，重要的是一旦意識到了這一點，人們將不再認為生活值得一過。

尼采對待基督教的態度，就像對待他所關心的大多數其他事物一樣，在最深的層次上存在着分裂。上文扼要說明的是他對基督教所灌輸的道德的蔑視，這種情感隨着時間的推移而與日俱增。然而，儘管他憎惡作為基督教義一部分的人類的渺小，以及同樣作為其中一部分的那套德行，他卻十分敏銳地知曉，只有基督教文化才能產生那些成就。人類不可能建造一座沙特爾(Chartres)大教堂去讚頌人本主義的價值，或者創作B小調彌撒去肯定對這些價值的信仰。因此，看來後基督教時代最可能的特色就是，人們變得比他們所替代的那些小基督徒們還要渺小。道德可能很糟糕，然而，想要取代它就很明智嗎？

第五章
唯一不可或缺之事

　　《快樂的科學》前四篇行文漸入高潮，越來越精彩恢宏，深刻透徹。第四篇始於新年的決心，沿着前幾篇的思路一如既往地前行，同時它也體現出了肯定性思考開始激增，正是這種激增將尼采引向《查拉》。

> 　　我要更加努力向學，把事物的必然性視為至美，如此我必將成為美化事物的人群中的一員。Amor fati（愛命運）：從今以後，那就是我的所愛了！我無意對醜開戰，無意指控，甚至無意指控控訴者。將目光轉移，這將是我唯一的否定。一言以蔽之：我希望在將來某一天成為一個只說「是」的人。
>
> （《快樂的科學》，276）

　　這段話語充滿強烈的情感，以一種讓人沉醉的方式表達出來，因此對它進行嚴密思考可能會有失公允。我們最敏銳的診斷者尼采永遠不可能轉移他的視

線，而且，假若他真的將目光轉移，我們就會看不到他的許多最有價值的作品——這在一定程度上緩和了說他永遠都不會成為一個只說「是」的人的指責，也使一個事實更易為人接受，即在他最後寫作的五部作品中，三部為攻擊他人之作：兩部針對瓦格納，一部針對耶穌；唯一表達肯定思想的著作是關於他自己的。

至少在當時，尼采一直懷揣着這種喜悦興奮的心情。隨後在第290節，他首次明確提示，他所希望的替代基督時代晚期或後基督時代那些渺小之人的應該是何種人：

> 唯一不可或缺之事——賦予個性一種「風格」，實在是偉大而罕見的藝術！一些人縱覽自己天性中所有的長處和弱點，並作藝術性的規劃，直至一切都顯得藝術而理性，甚至連弱點都悦人眼目——人們就是這樣實踐這藝術的。這兒增加了許多第二天性，那兒去除了某種原有天性——兩方面都需要長期演練，每天付出辛勞。這兒藏匿着無法被去除的醜陋，那兒這醜陋得到重新詮釋，成為崇高。不願變為有形的諸多曖昧被儲存下來以備遠望之用，其目的在於對遠不可測之物進行召喚。最後，當這工作完成時，事物無論大小，如何受一種品位的支配和構建則變得顯而易

見。這品位是好是壞，並不如人們想像的那般重要，只要是一種品位，這就夠了！

（《快樂的科學》，290）

這不是整節的全部內容，但卻足以讓我們由此論證開去。

早在《悲劇》中，尼采已經提出成為「生活的藝術家」的思想，但那時的語境迥然不同，所以不易辨別這前後的連貫性。在《快樂的科學》中，尼采一路宣揚的是在一定框架下的極端的個人主義，它並不會導向某種難以理解的個人至上主義。然而，一旦我們對他的意象有所感悟，也就會開始感到迷惑。因為，很明顯的是，此處勾畫的與藝術的類比，或者說與園藝學的類比，無法以一種直截了當的方式得以實現。人只能活一次（永恆輪迴將留待後面討論，因為在此處討論並無助益：如果在此犯錯，這個錯誤就會如過去一樣在將來不斷重複），而藝術家，除了極少數的例外，能夠無限地修補作品直到感覺已經獲得自己想要的東西。尼采提出的建議是，我們應該審慎地考察自己的天性，並對它進行評定，儘管此時我們還不知道評價標準——甚麼可以被看做長處，甚麼可以被看做弱點——並賦予這種天性一種穩定性，這種穩定性就是一般所說的「風格」。對人類性格中的各個要素進行一種「藝術性的規劃」確實會給人一種印象：除了

注定不受約束的遁世者之外，我們比任何人都更少地受制於外在偶然性。

　　儘管在論述伊始存在這些疑惑，尼采的暗示仍有引人之處。它開創了古典主義的新形式，在那裏，「最強壯、最有支配力的天性按照屬於自己的法則在束縛和完善中盡享歡樂」，它們與「那些憎惡風格的束縛並且沒有力量控制自身的脆弱天性」（即浪漫主義者）截然相反。尼采就個人風格有許多設想，但很顯然，他所訴諸的風格的概念與個人是相分離的。如果沒有一些外在的標準，那麼只要與其他人不同，任何人都具備風格。僅僅是風格概念的使用已足以讓我們意識到，存在着預先給定的框架，人們在這些框架中工作，藉助框架的支撐實現個性化。一個明顯的例子就是音樂領域裏的古典風格，這一風格從海頓直至莫扎特和貝多芬都有表現，後來於某個不確定的時刻消失。當時對於古典風格的束縛是強有力的，但是，如果沒有這種束縛，就無法想像會有三位作曲家的傑作。他們之所以能夠成為自己，是因為很多東西已被事先設定。在當時，任何人都可接觸到古典風格，我們也可以看出，這種風格在（例如）胡梅爾（Hummel）* 那裏得到了完美體現，不過沒有產生天才的作品罷了。胡梅爾認為自己的價值在於擁有這樣的風格。由此可見，正是在風格與偉大藝術家的強大個性的張力中，我們發現了至高的成就。

---

* 　胡梅爾（1778–1837），奧地利作曲家和鋼琴家。

然而，尼采就文化所作的分析只適合於當時的條件，現在則有很大不同。如今已經不存在一個可以在創造性張力下起作用的共同風格，因此，我們必須尋找自己的風格。很明顯，在這樣的條件下，風格概念本身就受到很大限制。尼采説「這品味是好是壞，並不如人們想像的那般重要，只要是一種品位，這就夠了！」他這麼説的意思是，此處使用的標準不僅是審美的標準，而且具有形式特徵。相對於它們的結構形式，各個要素的本質只處於次級地位。這使我們再次懷疑，要素事實上是甚麼是否真的重要。當然，尼采認為很重要。在本節的結尾處，他寫道：「只有一件事是不可或缺的：人必須達成自我滿足，不管是通過詩歌還是藝術的方式；只有這樣，人才值得一看。」然而，達成自我滿足至多只是一個必要條件。世界上有許多人達成了自我滿足，而且，也正因為如此，他們不值得一看。

　諸如這樣的段落確實引出一個問題：我們應該將對尼采的理解推到何種程度？尼采傾向於使用那些極端誇張的表達，但是他似乎技巧嫻熟地避免了不恰當的應用。而與此相對的危險卻是，我們稱他「令人振奮」，這意味着我們並沒有認真對待他所説的話。在這個特定的情境下，倒值得尼采冒險使用一些生硬的表達，因為那其中包含着對他的作品具有核心意義的思想萌芽。不過，這些思想將遠比尼采本人奇特怪

異，所以，我們最好從尼采筆下的人而非超人的維度來看待他。

因此，如果在性格要素這一問題上，我們暫不斷言尼采是否給予了具有風格的人以全權自由，我們就會贊同，我們認為一個人具有風格，是因為他具有應付自如的能力，可以將各種分歧以及那些令大多數人感到尷尬或恥辱的經歷合並在一起，納入一個更龐大的系統之中。在雷諾阿(Jean Renoir)*的電影《遊戲規則》結尾處有一個動人而又滑稽的時刻，令人難以忘懷。一位正在鄉村旅店度假的王牌飛行員在一次槍擊事件中喪生，這次令人震驚的事件發生之後，旅店的老闆勸慰聚集在一起、已被嚇得目瞪口呆的客人們。他說起話來如此字斟句酌，精緻優雅，以至於其中的一個客人對另外一個客人說：「他說是意外事故，這個解釋可真算得上新奇！」而另外一個客人反駁道：「他說話很講究風格，這在當今才是真的罕見。」的確如此。優雅的言談維持着禮儀，保住了顯然已岌岌可危的文明的門面，讓客人們可以帶着哀悼的而不是責難的或者未釋放的情緒回房間就寢。對這種看起來像是委婉語的駕馭能力中有一種力量，一種應對某些經驗的力量，這些經驗可以讓任何一個複雜的人產生分裂或者至少產生自我厭惡的情緒。

---

* 讓·雷諾阿(1894–1979)，20世紀法國傑出的電影大師，代表作品有《大幻影》、《遊戲的規則》等。

對於這一點，尼采毫不諱言。幾節之後，他問道：

我們有甚麼辦法可以讓事物變美、變得吸引人，變得值得欲求呢，如果它們本來並非如此？我倒是認為，事物本身並不美，不吸引人，也不值得欲求……與事物拉開距離，直到看不見它們……凡此種種，我們都應向藝術家學習，同時在其他方面還要比他們更聰明才是，他們纖巧的能力一般會終止於藝術結束而生活開始之處；而我們要成為生活的詩人——尤其是成為最瑣細、最日常的生活的詩人。

(《快樂的科學》，299)

我們可以用一些不那麼機智和有品位的話來解釋：切勿使自己過份謹小慎微地去做正確的事，也即真實的事。更重要的在於，使事物在最糟糕的情況下可以容忍，在最好的情況下顯出美麗。

我猜想，尼采心中所想的是更加本能的東西，而他給人的印象卻好像是在有意勸告——這是不可避免的，因為他必須說清楚他希望人們知曉並且身體力行的東西。一次又一次，尼采發現自己陷入了一種窘境：是應該讓自己滿足於只是給出暗示呢，還是應該將自己認為有必要使人們知道的事情大張旗鼓地說出來呢？尼采希望我們是那種只需要暗示的人，因為我

們是如此靈動。然而，他知道，除了預示世界末日的轟雷，我們對任何其他事都會充耳不聞——而且還會控訴那轟雷製造了太多的噪音。在寫作《快樂的科學》期間，尼采仍然試着使用一些暗示的、帶有挑逗性的表述，以使讀者自己在這些表述之間建立聯繫。查拉圖斯特拉因為意識到他將一直為人所誤解而經常忍受疲憊，而在此時，尼采尚未感受到這種痛苦。並且，他也不確定，是否可以通過教育使那些僅僅是無知的人具有品位，或者是否有可能對那些已經有着低下品位的人進行再教育。《快樂的科學》基本上是尼采有意識地寫作的最後一部樂觀主義作品。

不管怎樣，此處表現出的是尼采相對而言比較放鬆的一面，恰好與J.P.施特恩(J.P. Stern)所恰當指稱的「艱苦卓絕的道德家」相對。因為，如果某人的性格中顯現出了努力的跡象——如果一個人用意志力使自己看似迷人、溫和、沉着、隨意，那麼，這就是最典型的風格上的失敗。然而，當我們擁有令人不安的自由去掙脫那些普遍接受的傳統限制時，當這種自由似乎相應地向我們開放大量的生活方式，並且生活方式過於多樣時，如果沒有一些可見的張力的跡象，我們就不可能將「內在於自我的混亂」組織起來。甚至歌德，這個越來越能代表尼采所說的自我組織的偶像的人，也無法掩飾為此所付出的努力。當然，歌德是一個以統一駕馭多樣性的極限情形，大多數人在面對興

趣與衝動的這種多樣性時都會感到束手無策。

尼采的主張，即賦予人格以風格乃「唯一不可或缺之事」（這個短語很可能是對瓦格納的戲仿，因為瓦格納劇中的人物通常專注於一種壓倒一切的需要），與他對同情的批判有着某種意想不到的關聯。批判同情是尼采堅持宣稱的最著名的主張之一，也是他一直以來最為堅持的主張之一。在一篇極為精彩的散文（可惜這篇散文太長無法全文引用）中，尼采思考了「受苦的意願與富有同情心的人」。尼采試問這對同情者或者同情的對象是否有益，並且在隨後的微妙討論中進一步說明，他之所謂反對同情，無論如何與通常人們認為的那種無情、冷酷或者冷漠沒有任何關係。針對被同情之人，尼采指出，他的精神狀態的構造非常精妙，而那些注意到他陷入悲傷並且急於提供幫助的人則「扮演了命運的角色」，他們從未想到，遭受痛苦之人可能需要痛苦，這種痛苦與快樂交織在一起；「不，他不懂：『同情的宗教』（或『心』）命令他們幫助別人，他們相信，越快幫助別人，幫助就越有力。」（《快樂的科學》，338）

很明顯，尼采此處所說的不是為飢餓的人提供食物和水，或者為將要手術的人實施麻醉。他所攻擊的同情是指投入全部精力來整頓他人的生活，並且，就像我們通常被教授的那樣，以高尚的理由而忽略他人自己的利益。因此，將尼采的意思誤解成是在宣揚忽

視他人的基本要求是很粗淺的(事實上也是非常普遍的)，正如他自己在緊接着就「同情對同情者的影響」所作的討論中所闡明的那樣。「我知道，把我引入歧途的方式不下百種，而且都是冠冕堂皇的，確實都是極為『道德的』！是啊，現在鼓吹同情的那些人甚至認為，以下做法而且只有以下做法才是符合道德的：離開自己的道路，趕快去幫助鄰人。」(《快樂的科學》，338)接下來，尼采雄辯地強調追尋自我道路的艱難，這條路往往孤獨，不會有感激和溫暖。尼采公開地總結道：「我的道德告訴我：隱居起來吧，這樣你才能為自己而活。」

許多人會認為，堅信人可以按照自己的方式生活這種道德是他們無法遵循的道德，其原因很明顯：他們沒有自己的「方式」——他們有的只是各種競爭、需要、焦慮和難題，這其中沒有一個可以作為他們的個體化目標。在建議每一個人都成為自己生活的藝術家的同時，尼采試圖應對的可能是一個我們現在所持有的，或者直到現在一直所持有的那個有些苛刻的觀點，即獨創性居於其他值得追求的甚或必要的要素之上，構成了藝術作品的特性。對人類抱有這樣的希望看起來有些荒謬，更不消說命令人們去這樣做；它預設的前提是，大多數人對自我的獨特性有着強烈的意識——若尼采作如是設想，那麼他早就施以重墨去闡明了。

事實上，尼采當時至少想到了那些能夠理解他的人——他並沒有這樣表述過，這是我的理解；如果沒有人能夠理解他，那麼總結出遵循「個人方式」的各種能力的機會就沒有價值。這已經將尼采對話的人群限制在一個很小的範圍裏。那麼，其他人呢？如果這些牧人沒有能力成為另外一種人，他又怎麼可以因此譴責他們呢？然而，尼采並沒有譴責他們，只是對他們不感興趣。人們因此對他的政治主張，或者說缺少政治主張提出質疑，評論者對這個問題比對他的思想的任何一個特點都表現得更加言不由衷。這一點我將留待以後討論。然而，如何看待那些能夠理解尼采的意思，但仍然沒有屬於自己的特別方式的人呢？他們在逃避，以使自己過得輕鬆些，或者他們這樣做可能是正確的——這是尼采的觀點嗎？如果尼采認為是前者，那麼，他對人之可能性的估計似乎令他自己都感到驚訝。如果是後者，那麼，他所說的給予生活以風格則與此並不相關，人們會疑惑，到底尼采希望他們怎樣對待自己——那些有天賦的、聰明的、有教養的、敏感的、善於接受的人，他們並沒有樹立更高目標的意願，因為儘管他們有着天賦，本質上卻是十分被動的。或者，沒有人本質上是被動的？更多的問題我們將留待以後討論。

在完成對風格的討論之前還有一個懸而未決的問題需要探討，它值得不斷提及。傑出的尼采評論家尼

哈馬斯(Alexander Nehamas)*提出了這個問題(尼哈馬斯，1985)，但他沒有得出態度超然的令人滿意的答案。這個問題是：根據很少有人(當然不包括尼采)會反對的標準來衡量，一個性格極為卑劣的人是否仍可能通過有無風格的測試？如果尼采的那些標準是純粹形式化的，即所有的標準可以組合成一個整體，而個別的標準無關緊要，那麼，令人震驚的是，答案似乎是肯定的。尼哈馬斯寫道：「我認為，具備性格或風格這個事實本身是令人嚮往的。」(尼哈馬斯，1985：192)那麼怎麼看待戈林(Goering)呢？他的風格無法否認，無可指摘，但是，我們並不希望他擁有很多崇拜者。尼哈馬斯說：

> 我不是很清楚，一個一貫作惡多端並且不可救藥的邪惡之徒是否真的具備性格；那個被亞里士多德描繪成「野蠻人」的人可能不具備。即使以尼采的形式意義而言，具備性格或風格從而避免極端的罪惡之事得到頌揚，這其中也包含着某種本來就值得讚頌的東西。

> (尼哈馬斯，1985: 193)

這是令人尷尬的：尼哈馬斯只能通過明顯的語言

---

* 尼哈馬斯(1946–)，美國普林斯頓大學哲學教授，著有《尼采：作為文學的人生》。

學規定推進他的主張，這就是這段話所得出的結論。

其實，沒有必要這樣費盡周折地為尼采辯護。正如我此前所說，尼采在《快樂的科學》中所建議的應被視為朝向一個目標的最初行動，這個目標連他自己也並無信心能夠達到。事實上，他是在為成就自己的不朽之作進行準備，而第四篇的最後兩章，也就是《快樂的科學》第一版的結尾，則孕育着後來使他成就聲名的著作。倒數第二節「最重的分量」介紹了永恆輪迴的概念，這個概念令人如此恐懼，只有最堅強者才能承受，而且最堅強者會為此狂喜。最後一節「悲劇開始了」幾乎與《查拉》開頭的內容字字相同，它是整部書的預告，若不是如此，這一段簡直難以理解。我們必須承認，在給予自己生平的作品以統一性方面，尼采在這裏作出了最為明顯的努力。

第六章
預言

在過去很長一段時間裏，尼采最著名的作品要屬《查拉圖斯特拉如是說》。而現在，我認為，情形已不如此。就整體而言，我對這樣的發展趨勢表示認同。這部靈感迸發狀態下寫就的作品過份清晰地展示了靈感所能顯出的最糟糕跡象，儘管其中不乏作者最精彩的文筆。在書中尼采試圖確立自己哲學家詩人的形象，為了這個目的，他用一套習慣用語向人們揭示他心中的詩歌為何物，這難免令人沮喪。他運用了大量意象和寓言，這些意象和寓言他在其他場合也使用過，但效果卻比這裏好得多。此處給人的第一印象是戲仿：最明顯的是對《聖經》的戲仿，從直接呼應《聖經》的語言到滑稽的模仿——讀者很容易忽略這其中情緒的變化，因為每章結尾處重複出現的「查拉圖斯特拉如是說」已經使他們變得有些麻木。書中確實包含着詩歌，其中一些已經廣為人知，並且成為許多作曲家的素材，對這些素材運用得最成功的是馬勒（Gustav Mahler）和戴留斯（Frederick Delius）*。我們可

---

* 戴留斯(1862–1934)，英國作曲家。

以看出，為何這些詩歌對於兩位作曲家特別具有吸引力。他們都是有着強大的強力意志的人，一生的大部分時光都在喚起塵世的完滿與美麗，綿延持久，與短暫的人生形成對照。但是，他們的成功也同時暴露了尼采－查拉圖斯特拉身上的一面——懷舊，這一面正是尼采所努力擺脫的。

在《查拉》中，最真誠的語氣是遺憾，它常浮現於書中令人訝異之處；最不令人信服的語氣是欣喜與肯定，查拉圖斯特拉竭盡全力地要反復表達這樣的情緒，因為它們是超人的到來所必不可少的依據，查拉圖斯特拉就是他的預言者。然而，這個預言者並無意向招攬信徒，這是他尤其渴望強調的一點，因為這一點將他與所有其他預言者區別開來。但是也許有人會發問，一個言說真理的人是否應該拒絕擁有盡可能多的信徒。答案似乎是，查拉圖斯特拉本人仍不確知驅使他離開自己的山岡而「下山」或「入世」的真正原因——一個對尼采而言雖經仔細考慮卻仍然曖昧不清的原因。在第四部，魔術師道出了一直以來與查拉圖斯特拉形影相隨的憂鬱，他唱道：「我從一切真理中被放逐，唯一的傻子！唯一的詩人！」在第一部分的最後一節「論贈予的道德」中，查拉圖斯特拉對信徒所說的話讓尼采十分引以為豪。因此，在《瞧，這個人》（*Ecce Homo*）序言的結尾處，尼采引用了這段話：

我真誠地建議你們：離開我吧，而且要提防查拉圖斯特拉！最好是：為他感到羞愧吧，也許他已經欺騙了你們……人若只是當學生，那麼就是對老師的最糟糕的報答。你們為甚麼不願扯掉我的花冠呢？……你們說，你們信仰查拉圖斯特拉？但是，查拉圖斯特拉對你們又有何用？你們是我的信徒——但是，當信徒對你們又有何用？你們還沒有尋求自身：而你們卻發現了我。所有的信徒都是如此。因此，一切信仰都是微不足道的。

這段話充滿力量，然而，這樣一段深思的智慧出自一個預言家之口未免令人感到奇怪，因為預言家通常不作辯解，只是宣佈。那麼，信徒們通過甚麼樣的方式才能在查拉圖斯特拉的訓誡中發現何為正確、何為錯誤呢？拒不接受未經獨立真理檢驗的敬畏是令人欽佩的，這也明顯是尼采曠日持久地與基督抗爭的一部分。然而，這也使得我們全然不知如何理解查拉圖斯特拉的訓誡，作為墮落者，我們並不是最佳評判者。

面對一個自我懷疑的預言家，一個對自己提到的任何事物都提示要審慎對待的人，我們真的感到很棘手：我們面對的是一個矛盾修辭的具體化身。查拉圖斯特拉並不是第一個警示我們成為詩人有多危險的人。然而，這樣的危險僅在於使得一個問題變得有些複雜，此問題即，如何對待一個似乎不僅僅是越來越

持懷疑態度的哲人藝術家。在這些不利的條件下，我們所能做的就是努力參透查拉圖斯特拉所見之幻象，看看它們在多大程度上支配了我們的想像，並且時刻謹記，這些幻象是不道德的。但是，如果我們最終發現這些幻象本身晦澀難辨，我們就不得不把它當流浪漢小說(picaresque novel)*來欣賞。對於這本書，我最終確信這是我們唯一可以做的事情。

　　以上給出的這些提醒有些令人沮喪，但是書中仍有許多精彩的片段讀來令人難忘。開篇即給人以深刻印象，查拉圖斯特拉自山巔而下，他的下山宣言(可以這麼說)充滿了真誠的心靈感悟。然而，查拉圖斯特拉隨即轉入他的核心主題：「瞧，我告知你們何謂超人(Übermensch)。超人乃塵世之意義。你們的意志要這樣說：讓超人成為塵世的意義吧！我懇求你們，我的弟兄們，繼續忠於塵世吧，不要聽信那些跟你們奢談超脫塵世之希望的人！」(《查拉》，1,3)這段話引入了查拉圖斯特拉三個主要概念中的第一個。忠誠於塵世的訓誡是尼采不斷回顧的一個重大主題，也是我個人最有共鳴的一個主題。不過，我們現在期待的是闡明超人為何是塵世之意義，採用何種步驟才能讓他到來，以及在出現之時他會是甚麼樣子。不幸的是，有關這些問題我們從書中所知極少。一些簡單的

---

*　產生於16世紀中葉的一種文學體裁，它以幽默諷刺的筆觸、從城市下層人物的視角反映社會生活。此處指不用太計較其真實性。

誤解——例如，認為超人將會是一種進化現象——倒是可以很快澄清。我們沒有理由認為他不具備人的形體，但這不會帶來甚麼啟迪。在很大程度上，尼采是用查拉圖斯特拉的第二次宣告，即永恆輪迴來定義超人的。超人就是那個歡欣地擁護這個信條的存在者，因為這個信條，或者說教條，也是他自身。查拉圖斯特拉的第三個訓誡是強力意志，這是存在的基本現實。再一次，超人以他最純粹、最打動人的方式將這一訓誡彰顯：彰顯為自我克服，不管其結果如何。

在查拉圖斯特拉不斷前行的過程中，所趨向的一件事情逐漸變得清晰明了。值得指出的是，查拉圖斯特拉是超人的通報者，但他自己不是超人。不過，兩者有着許多相同的特點，而且通常看來，我們要想了解超人，最佳的方式就是將超人當做一個提升了的查拉圖斯特拉。

例如，在第四部中，占卜者告訴查拉圖斯特拉他的終極罪惡是甚麼——原來是對人類的同情。人們認為，不用他人引誘，超人就會意識到此乃最終的誘惑。他能夠接受人正在遭受痛苦的事實，這不會令他痛苦——如果他因此而痛苦，又會怎樣呢？我們遭受着無處不在的痛苦，並且認為這是最根深蒂固的存在——事實上也確實如此，以至於我們認為在某種程度上這就是生活最深層的狀態。快樂總是轉瞬即逝，我們因此也認為它很膚淺——或者不過是誘惑而已。

我們聽到的唯一永恆的快樂是另一個世界的快樂，一種我們無法領會的快樂。由於可以理解的生物性原因，我們將快樂，或者說愉悅，看做一段過程的終點，從而認為當另一段過程，或者同一過程的另一階段開始時，它就會被取代。在這個意義上，我們都是溫和的叔本華派。叔本華本人採取的是更加極端的態度，認為快樂不過是痛苦的暫時消除。到思想發展的這個階段，尼采已經完全站到了叔本華的對立面。和他此前的偶像瓦格納一樣，叔本華已經成為《查拉》列舉出的一系列多少有些荒謬的人物之一，不過是稍加掩飾而已。查拉圖斯特拉的訓誡是——他希望自己的信徒對此持不同意見嗎？——快樂比痛苦更加深刻。我們在第四部分的「醉歌」一章（這是英譯本的翻譯；新的德語評注版譯名是「Das Nacht-wandlers-Lied」——「夢遊者之歌」）了解到：

世界很深，

比白晝所意識到的更深。世界的痛苦很深；

快樂——卻比痛苦更深。

痛苦哀求着說：逝去吧！

可是一切快樂都希求永恆——

希求深深的，深深的永恆！

即使在德語世界，這也不算一首好詩。然而，這

首詩的基本情感卻很感人，並且對查拉圖斯特拉來說，它與永恆輪迴最為緊密地相關聯。在同一小節的開頭，查拉圖斯特拉已經明確表達了這一點：

> 你曾對一種快樂肯定地說「是」嗎？哦，我的朋友們，那麼你們就對所有的痛苦也說「是」吧。一切都纏繞在一起，陷入彼此，相互迷戀；如果你們曾要求一個事物再來一次，曾說，「你讓我愉快，幸福！停一停啊！只要片刻！」那麼，你們就想要一切都回歸。一切都重新再來，一切都永恆存在，纏繞在一起，陷入彼此，相互迷戀——哦，這樣，你們就會愛上這個世界。永恆的人啊，請永遠並且始終如一地愛著這個世界吧；而且你們也要對痛苦說：逝去吧，但要回來！因為一切快樂都希求永恆。

在這一段中，尼采以即使不是熱情洋溢也是抒情的方式說出了他在其他場合以更加嚴肅的態度表達的觀點，即對任何事物說「是」就是對所有事物說「是」，因為在因果關係的網絡中，任何狀態都依賴於自然中的其他存在所處的狀態。至少在最初，這就是尼采所宣佈的永恆輪迴的觀點。超人就是那個準備好對所到來的一切說「是」的存在者(being)，因為對尼采而言，在《悲劇》中所論述的最初的太一之後，

快樂和痛苦就總是不可分離。因此，儘管直至如今都一直存在着生存的恐懼，他仍然準備肯定所有這一切。不管怎樣，此即我個人對這種恐懼以及對尼采的理解方式。

然而，這僅僅是超人哲學的開始。因為，雖然尼采表達了對生存的無條件接受，認為一切事物都應該嚴格按照它們曾經有過的狀態重複，但是，超人對於他所處的時代會有怎樣的作為這個問題仍待解決。情況很可能是，與人截然不同的某物，「是聯結在動物與超人之間的一根繩索——懸在深淵上的繩索」（《查拉》，1.前言，4）。他與我們之間的差別正如我們與動物之間的差別。他做任何事都帶着堅定不移的態度，但這又會帶來甚麼呢？我們只知道它不會帶來甚麼——渺小、被動、憤恨。在查拉圖斯特拉身上存在着一種唯信仰論，即認為只要有着正確的基本態度，就可以做想做的事。這一點在「論貞潔」一章中有明確表述。他說：

我要奉勸你們消滅感官嗎？我是在勸你們保持感官的純潔無邪。我要奉勸你們保持貞潔嗎？對一些人來说，貞潔是一種美德，可是對多數人來说，貞潔卻幾乎是一種罪惡。他們的確可以克制自我，可是從他們的一切作為中卻有肉慾這隻母狗嫉妒地斜睨着雙眼。上至他們美德的峰頂，下

至他們精神的冷漠地帶，都有這隻母狗和它的不安緊跟着他們。如果不給這隻母狗一塊肉，它會知趣地只討要一塊精神。

這段話裏有一絲清教主義(puritanism)的味道，但表達得很圓滑，尤其是最後一句話，帶着查拉圖斯特拉慣有的祈使語氣，令人感到寬慰。然而，除了語氣以外，這其中尚有一條處於支配地位的線索在朝着相反的方向發展──不是壓制，而是尤為強調費力與艱辛的自我忍耐。這並不令人意外，因為我們知道，尼采最關心的主題乃是偉大，而舒適、合意、感官滿足都不利於偉大之形成。那麼，超人又將如何成就其偉大呢？尼采一向對取得藝術成就比較關注，因此，人們期望他能有關於藝術的驚世之作問世，然而，令人奇怪的是，《查拉》對這一主題保持了沉默。當然，去思考尚未問世的藝術作品是徒勞無益的，它不同於思考尚待實現的科學成就，因為在後一種情況下，我們尚且知道要回答的問題是甚麼，在藝術領域卻並不存在這種意義上的問題。再者，想像一組超人全部都是藝術家也是荒謬的。那麼，他們會是些甚麼人呢？再繼續思考這樣的問題毫無用處，因為尼采並沒有就這個主題提供甚麼線索。事實上，尼采似乎沒有能力在這方面取得進展，並且儘管和創造其他術語一樣，尼采也以創造「超人」這個詞而廣為人知，但除了自

我頌揚的《瞧，這個人》，這種現象並未一再出現在他的作品裏。在《瞧，這個人》中，尼采不斷提到《查拉》，所佔篇幅超過了其他任何一本他寫的書。他說：「在這裏，人每時每刻都是可戰勝的，超人這個概念在這裏變成了最偉大的現實。」（《瞧，這個人》，「查拉圖斯特拉」，6）

然而，這不過是令人遺憾的一廂情願罷了。尼采已經屈從於無法擺脫的誘惑，想成為理想創造者——理想如此遠離骯髒的現實，人所能做的只是在不斷思考着現實之可怕的同時，聲稱理想絕不像現實那樣。這使人想起斯威夫特(Swift)在《格列佛遊記》中刻畫的形象：令人討厭的耶胡人(Yahoos)*（我們自己）和令人讚賞的慧駰馬(Houyhnhnms)**。利維斯(Leavis)***針對兩個形象作出了恰如其份的評價：「他們也許擁有全部的理性，然而耶胡人卻擁有全部的生活……簡而言之，慧駰馬乾淨的皮膚延伸於一片虛空之中，而本能、情感和生活，這些讓清潔和體面變得複雜的問題卻留給了一直與骯髒和無禮相伴的耶胡人。」這與人和超人的關係出奇地相像，雖然也許沒有那麼不可思

---

* 《格利佛遊記》中的人形獸，其邪惡、貪婪、骯髒的本性象徵着人類自身。

** 在《格利佛遊記》中，慧駰馬代表着仁慈、高尚、理性等一切美好的天性。

*** F.R.利維斯(1895–1978)，英國文學評論家，主要著作有《勞倫斯》、《英詩新方向》、《偉大的傳統》等。

議，因為任何一個人，要想指明超越並且否定人性的理想，都一定會遭遇這些困難。

在《查拉》的前面部分有着另外一番解釋，或者說，這番解釋也許只是想對人們所稱的「精神」進程進行補充說明。那是查拉圖斯特拉的第一篇演說，當時，他似乎還不太善於使用比喻性語言，這一點可以從該段有些蹩腳的表述中判斷出，正如赫勒（Erich Heller）*所言，它引來「一種極端的動物學意義上的，並且是精神上的不適之感」（赫勒，1988：71）。起初精神是作為一匹駱駝出現的，也就是說，現代人在各種價值的壓迫下不堪重負，因為這是一個具有壓迫性的傳統，由義務和違背此類義務所導致的負罪感所構成，而人不可避免地會違背此類義務。奔向沙漠之後，這匹駱駝先是步履蹣跚，但最終起而反抗。為了戰勝一條龍，它蛻變成了一隻獅子。這條龍的名字叫做「你應當」，是它給駱駝製造了難以忍受的負擔。它宣稱：「一切價值都早已被創造出，我就是那被創造出的一切價值。」獅子為了用「我要」取代「你應當」而進行反抗。然而，儘管獅子能夠反抗，他也只能為新價值創造自由，而不能創造價值本身。獅子說了一句神聖的「否」，這就是他的結局——他已經為能達到的唯一目的履行了義務。至此一切都很清楚

---

* 埃里希·赫勒（1911–1990），英國散文家、學者，主要研究領域是德國哲學和文學。

了。最後一次變化令人吃驚：他變成了一個孩子。

> 捕食的獅子，為甚麼必須變為孩子呢？孩子是天
> 真，是遺忘，是一個新的開始，一場遊戲，一個
> 自轉的輪子，一個肇始的運動，一個神聖的肯
> 定（「是」）。為了「創造」這一遊戲，我的弟兄
> 們，需要一個肯定：這時，精神想要擁有它自己
> 的意志，喪失世界者會獲得他自己的世界。

　　除了其他的含義外，這必定是尼采在詮釋基督
的話語：「除非成為幼小的孩童，否則無法進入天
國。」（《馬太福音》，18：18）在其他地方，尼采使
用了短語「生成之無邪」。在寫作中的一些緊張時
刻，他有時訴諸那些自相矛盾的，或者在最深層意義
上帶着感傷色彩的表述方式，因為他知道，在這種組
合的表述方式中，一個因素如此深入地嵌入我們自
身、無法抽離，而另一個因素可以改變，雖然它看上
去那麼不可調和。因此，早在《悲劇》中，我們就聽
說了「演奏音樂的蘇格拉底」，而事實上，尼采是在
以他特有的方式刻畫蘇格拉底反音樂的特點，以此說
明蘇格拉底的本質。在一份未發表的筆記中，尼采還
記述了「有着基督靈魂的羅馬皇帝凱撒」。
　　這些是知其不可為而為之的動人嘗試，還是意義
的強加？我們有理由認為是前者，因為尼采就是一個

極端分裂的人。他情不自禁地崇拜蘇格拉底，遠比公開承認的要熱烈；並且正如我們將要看到的，當他以抒情的筆法描繪所謂「理想的頹廢者」時，《敵基督者》（Antichrist）幾乎超出了他的控制。讓我們再回到《查拉》，尼采對生活採取了被當今的視頻圖書館稱為「高度成人化的」一般態度，然而令他着迷的仍是孩子的想法，這個孩子全神貫注於玩耍，時而嚴肅，時而出神，總是那麼天真而無知。尼采是否想讓他的超人成為瓦格納歌劇中西格弗里德那樣的人，對世界一無所知，卻又因為渴望了解而痛苦？似乎不太可能。那個短語「一個新的開始」是危險的。因為在我們的選項中，沒有對過去一筆勾銷這一項，對這一點的清醒認識是尼采作為頹廢鑑賞家的一個典型標誌。我們需要有一個自我去克服，這個自我是整個西方傳統的結果，同時它又試圖「揚棄」（aufheben）這個傳統。尼采並不喜歡「揚棄」這個詞，因為它打上了黑格爾的烙印，同時意味着「拭去」、「保留」和「拾起」。這難道不就是超人受命去做的事，或者如果我們放下他，自己想要重新獲得救贖，就必須越過現在的生活狀態，進而去做的事？成為孩子，或作為孩子的那個理想，除了附屬於基督教教義以外，還帶有浪漫主義的色彩，奇怪的是，尼采竟會認可這種浪漫主義。我確信，尼采強調的是孩子所擁有的不自覺狀態。然而，對於我們，或者比我們更高級的生命，想

在目前達到這一點幾乎是無法想像的。

這樣我們就回到了信奉永恆輪迴的超人，這是尼采思想中最難解的主題。它只是意味着「如果……將會怎樣？」的質疑精神，還是關於宇宙本質的一個嚴肅假設？《快樂的科學》第四篇倒數第二節說明的當然是前者。但是，在尼采的筆記中，包括那些在他身後編入《強力意志》裏的部分，尼采試圖以證據證明永恆輪迴乃一普遍原理。他根據的事實是，如果宇宙中原子數量有限，那麼它們必須具備此前就有的一種構造，這就必然導致宇宙的歷史自我重複。這是尼采最缺乏啟發意義的思索，而這些實驗性的思想未能發表倒令人欣慰——或者説將會令人欣慰，假使學者們沒有為了理解尼采而試圖從這些思想中尋找蛛絲馬跡的話。這些學者因為尼采自己對這一想法的興奮而受到鼓舞。尼采在瑞士恩加丁谷(Engadine)——那個「超越人類與時間六千英呎之上」的地方產生了這個思想，他將這一思想當做人類的直覺之一，並且確信，在此直覺中存在着某種深刻而真實的東西，儘管無法確切知道它是甚麼。

關於這一信條的宇宙論觀點並未得到普遍的肯定。然而，尼采自己對這一信條(或者至少是對這一信條的名稱)充滿熱情，這給批評家們留下了深刻的印象，他們充份發揮自己的想像試圖解釋尼采的真實意圖。此處我只能説，在試圖使這一思想變得明晰而

有趣的過程中，批評家們所給出的闡釋反而使人產生疑惑：為何尼采要採用這樣一個誤導人的命名？簡而言之：如果「永恆輪迴」一詞並不真正意味着永恆輪迴，那麼，為何尼采不直呼其義呢？

這樣一來，留給我們的就只有「如果……將會怎樣？」這一方法。對此，我最初的反應是說我根本不在乎，令人驚訝的是，這樣反而具備了超人的身份，因為根據證實主義者的立場，如果每一個周期都按它必須存在的狀態，與前一個以及後來的周期嚴格相同，那麼，我們就會對上一輪所發生的事，尤其是我們已經做過的事無從知曉。到頭來，我們既無法採取措施避免災難性的結果，也無法帶着恐懼或喜悅思索前方的道路。如果永恆輪迴確實存在，那麼，這已是我第n次寫作這本書，而我卻不會改變書的內容。看起來就是如此。然而，對於許多曾與我討論過這個問題的人，雖然他們也贊同事情不會發生甚麼變化，但是，他們仍然不願承認，這不會影響他們對事物的看法。正如最近一個人問我的那樣：只存在一次奧斯威辛（Auschwitz）集中營的宇宙與存在無限多次奧斯威辛集中營的宇宙，哪一個更糟糕？我們至少可以說，只有冷酷之人才會認為這並不重要。輪迴的概念，儘管從實際的角度來看無甚影響，卻讓人對確定要發生的事感到了可怕的重壓。

在《不能承受的生命之輕》開頭那段著名的話裏，昆德拉（Milan Kundera）將這一點作為他關於這個

主題的核心思想。他的表述簡潔而又意味深長：

> 讓我們因此認同，永恆回歸的想法暗示了一種視
> 角，由此視角觀之，事物並不以我們所知的方式
> 呈現：它們看起來並沒有因為轉瞬即逝就具有減
> 罪情狀。的確，減罪情狀往往阻止我們對事情妄
> 下論斷。那些轉瞬即逝的事物，我們能去譴責
> 嗎？落日的餘暉給一切都抹上一絲懷舊的溫情，
> 哪怕是斷頭台。

（昆德拉，1984：4）

　　這段話的要義，或點題之句，是第一句。人們之
所以深受永恆輪迴這個想法的吸引，原因就在於，他
們採取了一種位於任何單一周期之外的視角，因此，
他們可以想見這個周期無休止地重複。甚至很可能就
是因為看到自己從被困於周期之中轉移到周期之外，
以神的視角觀察整個過程，才使人產生了那種震顫和
無法忍受的重力之感；對於堅定地說「是」的人，則
激發出對回歸的癡迷。

　　對此，我仍持懷疑態度。無論哪種方式，對我而
言都毫無助益，儘管我依然讚賞這個想法給偉大的藝
術家們帶來的靈感。例如，葉芝（W.B. Yeats）在他的詩
歌《自我與靈魂的對話》中寫道：

我滿足於重新活過一遍
再活過一遍……
我滿足於追溯每一個行為
或思想中的事件至其根源；
衡量一切；徹底原諒我自己
當我這樣將悔恨拋出
一種如此美妙的感覺流入胸中
我們必會大笑，我們必會歌唱，
我們受到一切事物的祝福，
我們觀照的一切都得到了祝福。

　　如果葉芝沒有閱讀過尼采並且受到深刻影響，那麼，簡直難以想像他會寫出這些詩行。這些詩行很好地表明，尼采深刻影響着那些對他的思想僅有模糊、不確切概念的人——有時，人們甚至懷疑尼采自己是否真的理解那些思想。這些詩行中也包含了尼采大力宣揚的許多主張，尤其是拋卻悔恨的想法。但是在晚期的作品中，尼采並不是通過永恆輪迴，而是通過對一般意義上悔恨和回憶的作用進行深入透徹的心理分析來達到這一想法的。

　　有關永恆輪迴，還有一點值得簡要説明，這一點使永恆輪迴看似一個笑話，儘管任憑怎樣想像，這也不算是尼采最精彩的笑話。那就是，它是對彼岸世界所有信條的戲仿，彼岸世界與此岸世界——這個「可

笑而又講求實際的豬玀的世界」，再次引用葉芝的詩——的關係是，彼岸世界在本體論和價值論上具有優先性。永恆輪迴揭示的是此岸世界通過無意義的重複創造永恆，而沒有揭示天堂與地獄，或者不變的柏拉圖式的形式世界。彼岸世界的信條宣稱此岸世界只有通過與彼岸世界相關才能獲得價值，永恆回歸則帶着些許戲弄地暗示：此岸世界的價值被剝奪的過程與一個句子不斷重複直到變成一堆噪音的過程相類似。讓我們再回到昆德拉：偶然事件具有了重量是因為它們發生了不止一次，而「發生一次就等於沒有發生」，或者更恰當地說，「任何事都要嘗試兩次」；但是，重量是一回事，價值則是另一回事。昆德拉，一個在這方面虔誠的尼采信徒，於輕與重、意義(或者價值)與無價值之間確立了靈活的辯證關係。難道我們會詢問，或者當詢問，我們是否應該因為某個事物在一個無限序列範圍內具有獨特性或典型性而更加珍視這個事物？這有意義嗎？最簡短的回答是，這依人的性情而定。尼采的性格過於變幻不定，他會説「兩者都是」，也會説「兩者都不是」。

查拉圖斯特拉的第三個主要教義是強力意志。第一部裏名為「一千零一個目標」的一章中首次提到這個概念。這一章詳述了查拉圖斯特拉訪問了許多國家後發現，每一個國家都有可敬之處，但敬重的對象卻彼此不同。就這樣：

在每個民族的頭上，都吊着一塊刻着善的標準的匾。看吧，這是記錄他們克服困難的匾；看吧，這是他們追求強力意志所發出的聲音。對於一個民族是困難的，就被認為是值得稱讚的；不可或缺又難以獲得的，就被稱做是善的；那能夠釋放最深層次的需要的、最罕見的、最困難的——他們就稱為神聖的。

後來，在同一章中，查拉圖斯特拉強調了權力與價值的關聯：「敬重就是創造：你們這些創造者啊，請聽好！敬重本身就是一切被敬重事物的無價之寶。只有敬重才能產生價值：沒有敬重，則存在之核心乃為虛空。」然而，在這一章的結尾，他說道：「人性還沒有目標。可是，我的弟兄們，請告訴我，如果人性還缺少一個目標，那麼，不是連人性本身也欠缺嗎？」後來，他又對強力意志如何與價值評判彼此相關作了比較充份的討論。在第二部分「論克服自我」一章中，還有另外一些對強力意志的簡單論述，這些論述更加清晰地表明了兩者之間的關係。查拉圖斯特拉說：「用『生存意志』這樣的話向真理射去的人，當然射不中：這個意志並不存在〔這是對叔本華的批判〕……只有生命存在的地方，才有意志：不是求生的意志，而是——如我所說——強力意志。」

這就是尼采在《查拉》中論述的全部主題。換言

之，我們再次發現，查拉圖斯特拉所預言的更多是其作者未來要寫的內容，而不是已經實現並且可以嚴肅討論的內容。尼采的問題在於，他堅決反對體系和體系的確立者，就如同他的許多言論所顯示的那樣。然而，我們尚不清楚，如果要傳播一系列新的價值，他該如何避免體系。這一兩難困境使得尼采對兩個世界都持有悲觀的看法：他給出了誘人的暗示，這反而給人們提供了闡釋與誤解的機會。然而，儘管這些暗示隱含了極其豐富的潛在思想，我們卻無法領會它們，並且被告知：如果可能的話，我們必須反對這些過於零散的思想，零散得我們甚至不知道該反對甚麼。這是對《查拉》最嚴苛的評價。不這麼嚴苛的評價是可以自圓其說的，但是我更願意繼續討論尼采的那些後查拉圖斯特拉作品。在那些作品中，尼采的能力與作品的深度相稱，而且他也不必為了看上去莊嚴神聖而戴上預言家的斗篷。

第七章
佔據制高點

　　《查拉》是尼采在遭受了人生中最具毀滅性的一次打擊之後寫作的：他通過朋友保羅·雷(Paul Rée)*向莎樂美(Lou Salomé)**求婚，但遭到拒絕，結果發現他們兩人相互之間比兩人與他之間的關係更加親密。露是一位天資聰穎的女子，後來成為里爾克的情婦，再後來成為弗洛伊德最器重的門徒，弗洛伊德(Sigmund Freud)曾以非同尋常的慷慨之語讚頌露在肛門性慾領域的發現。尼采嚮往着與露合作，在一個他認為與自己智力相當的女人的理解和幫助下繼續他的研究工作。有一張很奇怪的照片是在尼采一再堅持下攝拍的，照片上他和雷拉着一輛牛車，莎樂美則站在車上揮舞鞭子驅趕着他們。不管這種關聯是否真的發生過，重要的是，這張照片出人意料地從側面呼應了《查拉》中那句臭名昭著的評價，即一個老婦人對查拉圖斯特拉說：「打算回到女人身邊去嗎？別忘了帶

---

*　　保羅·雷(1849–1901)，德國作家和哲學家。

**　　露·莎樂美(1861–1937)，作家和精神分析學家。出生於沙皇俄國，因與尼采、瓦格納、弗洛伊德和里爾克之間的糾葛與情誼而留名於世。

上你的鞭子！」求婚遭到拒絕後，尼采深感羞辱，幾近絕望。1882年聖誕節佔據制高點那天，尼采寫信給他的摯友弗蘭茨·奧弗爾貝克[*]，他說：

> 這是我經歷過的最讓人難以吞咽的生命的苦果，我很可能會被它噎着。我忍受了這個夏天帶給我的令人羞辱的痛苦回憶，就像經歷了一場精神錯亂一樣——我在巴塞爾和上一封信中所說的掩藏了最重要的部分。在兩種對抗的激情中存在着一種緊張，它讓我不知所措。就是說，我使盡渾身解數想要自我克制，但是，我已經在孤獨中生活了太久，依靠「自己的脂肪」為生太久，就這樣，我被自己激情的車輪碾得支離破碎，沒有其他的人會如此……除非發現將污物變為黃金的煉金術，否則，我會從此迷失。此時，我有了一個最為美妙的機會來向自己證明：「一切經歷都是有用的，每一天都是聖潔的，所有人都是非凡的！！！」
>
> 〔米德爾頓（Middleton），1969:198–199；引號內的內容摘自《快樂的科學》第一版的題詞，來源於愛默生（Emerson）〕

正是在這樣的背景下，尼采開始寫作《查拉》；毋庸置疑，痛苦促使他採用高蹈的風格，這種風格有

---

[*]　弗蘭茨·奧弗爾貝克(1837–1905)，德國新教神學家。

時真令人難以接受。然而，也正因為失望與孤獨，他試圖使用煉金術士手法的努力令人印象深刻，很是成功。痛苦可能也是導致《查拉》中出現大量模棱兩可的口吻的原因，對此我並未在討論中予以關注。然而，查拉圖斯特拉容易消沉、頹喪、昏迷，容易因為無能為力而自我懷疑，所有這一切使得我們無法否認，查拉圖斯特拉和他的作者十分相像。尼采將《查拉》描繪成人類迄今所見最重要的一本書，此類做法表明，不管他如何建議信徒們批判地接受這本書，自我批評不在他考慮之列，至少在當時不是。令尼采更為苦惱的是，該書的前三部出版後，並未在歐洲文化生活中引起甚麼反響。1885年，尼采不得不自費出版第四部。這說明尼采對同時代人的思想狀態缺乏了解。如果他有所了解的話，本不該對此感到奇怪。如果說他此前的書如重石一般墜落人間，那麼，與自普羅提諾（Plotinus）*以來的「哲學家」所寫的書相比，這一本一方面更加富有革新精神，另一方面卻又顯得更加古舊。是怎樣的材料造就了這樣一本書？看起來令人震驚的是，在這之後尼采仍然堅持寫作，不過是按照《查拉》以前的書建立起的模式去寫。尼采堅持認為，他在《查拉》之後所寫的每一部書都是對《查拉》的評論，但是，這樣的說法似乎並不是對這些書

---

* 普羅提諾（205–270），羅馬帝國時代的希臘哲學家，新柏拉圖主義奠基人。

的性質或水準的真實評價，它更像是自我肯定。一則，超人從此不再被提及，永恆輪迴很少再次出現，而強力意志也在表面之上和之下交替湧動。再則，從《查拉》之後的第一本書《善惡的彼岸》，到他的傑作《論道德的譜系》，直至最後一年寫作的充滿激情的那些小冊子，都與《查拉》中論述或勾畫的內容沒有多大關聯。更讓我感到驚訝的是，通過寫作《查拉》，尼采從他自己建立的體系中一次挖出許多內容──幸好是這樣的情形。不管那些對尼采的怪異並且熱切的模仿多麼站不住腳，它們都是從這本書中得到啟示，正是這些模仿構成了我在第一章中談到的對尼采的狂熱崇拜。從尼采其他的書中，他們都不可能得到這些啟示，因為嘲弄與試探的語氣在這些書中貫穿始終，其間夾雜着尖刻的聲討與譴責，這排除了遵從信條的可能。讀尼采的所有書都要求全神貫注於其中，但是若要從《查拉》中有所收益，則需要靈活機動，並且時刻保持警醒。然而，在讀了開頭幾頁的長篇大論之後，很少有讀者還能做到。如果沒有尼采創造的這個預言家，尼采的妹妹伊麗莎白（Elisabeth）也就沒有機會在尼采精神錯亂後給他罩上白袍，作為「改變了容貌的預言家」展示給參觀者。在《瞧，這個人》的最後一章中，尼采寫道：「我非常擔心，有一天人們會說我是神聖的：會有人真的猜到，為甚麼我預先出版這本書……我不想做聖人，寧願做傻瓜。」

（《瞧，這個人》，「為甚麼我是命運」，1）若非如此，尼采的朋友加斯特(Peter Gast)*也不能夠在尼采下葬時說，「願你的名字在未來後世中變得神聖！」

《查拉》之後，尼采故意給下一部書起了一個容易引起誤解的書名：「善惡的彼岸」；不管尼采自己或同時代的人有怎樣的看法，這個書名都暗示着對一切價值進行重估，而不僅僅是一個人準備用一套新的體系去取代現有的體系，不管新體系有多激進。正是這一點給了人們理由(如果仔細閱讀，就會發現這個理由並不存在)去認為，尼采決心要消除人世間的一切價值。事實上，世界本身並無意義可言，也正因為如此才更需要賦予這個世界以價值。那麼，怎樣才能賦予呢？尼采堅信，我們一直在給世界賦予價值，只是直至如今人們並不這樣認為。從把事實上是我們發現的東西看做我們在尋找的東西，到充份意識到這就是我們正在做的事情，這中間需要一個過程。如果不想直接落入虛無主義的深淵，我們就必須同時乾淨利落而又小心翼翼地處理這個過程。

在《善惡的彼岸》開頭，尼采巧妙地設計了一種思路，它就我們相對於我們所認定的基本價值——真理——所處的境況，造成了一種最強烈的不安之感。如果尼采可以使我們和他一樣對於求真的意義產生懷

---

* 　加斯特(1854–1918)，原名約翰‧海因里希‧科瑟利茨，德國作家和
　作曲家，與尼采一生結誼。「彼得‧加斯特」是尼采為其取的筆名。

疑，那麼，我們就會任他左右我們的思想，因為再沒有比真理更為根本的價值讓我們訴諸了。這是尼采採用的一個非常典型的路線，從真理發展到求真意志，進而對我們與世界的關係進行心理層面的分析。他將這一切置於一種猜謎的形式中，就如他所承認的那樣，讓人很難知曉這裏誰是俄狄浦斯（Oedipus），誰是斯芬克斯（Sphinx）。「我們更要質詢這個意志的價值。假設我們欲求的是真理：為甚麼不是寧求非真理？非確定性？甚至無知？」

使得尼采的質疑看起來十分古怪的，不只是幾千年來人們對一套根深蒂固的價值的依附。欲求非真理，即知道自己想要非真理，這個想法本身就很古怪。我們完全可以說，人們想要對某事保持無知，或者對其中可能包含的真理不感興趣。實際上，我們經常這樣做。然而，聲稱或主張人們欲求非真理，則帶有邏輯悖論的意味。這完全不同於人們在尋求真理時不求甚解卻頗感自滿，正如幾乎所有人在重要問題上的表現。這也不同於想要相信事實上是虛假的東西，儘管我們事先並不知道。聲稱「我的許多信仰是虛假的」並沒有甚麼稀奇，任何一個正常人都會同意這一點。然而，如果聲稱「我的許多信仰是虛假的，包括……」，然後還提供一個清單，這就顯得尤為怪異。因為，聲稱某物為虛假，則表明並不相信。

我所以對這一點詳加闡釋，是因為尼采確乎建議

考察我們何以有求真意志，即意慾贊同我們已經確信或者自認為已經確信為真理的那些命題。如果尼采的用意果真如此，他就是混亂的。如果不是如此，他又想表達甚麼呢？他不斷地(依循一個典型的策略)變換主題，以至於我們如果不小心跟隨，就會搞不清他正在研究的問題究竟為何。在第二節，尼采轉向了大量不同的主題，其中最發人深省的是形而上學者「對對立價值的信仰」。尼采在《悲劇》中放棄成為一名形而上學者，自此以後他從未停止過對形而上學者的批判。他敏銳地指出，儘管形而上學者宣稱他們懷疑一切可能，他們卻沒有對事物從對立中衍生這一可能性提出質疑。例如，他們否認無私可從自私中產生，內心的純潔可從貪慾中產生，真理可從謬誤中產生。既然渺小之物不能成為價值的本源，那麼它們就只能產生於「存在的懷抱中，永恆的事物中，隱蔽的上帝中，『自在之物』中」。換言之，就是柏拉圖所確立的那些觀念，尼采此處並沒有使用這些觀念，但在其他地方常常使用。塵世中存在着謬誤、醜陋和邪惡(「慾望」)，因此，它們的對立面必定來源於超塵世的領域。

與此相反，尼采提出了他的質疑：

首先，是否存在對立；其次，被形而上學者打下烙印的那些通俗的價值評價和對立的價值，是否

並不只是預先的評價，而僅僅是暫用的視角⋯⋯
用畫家們的說法，即青蛙的視角。儘管真的、真
實的和無私的事物都具有價值，一種對於生活而
言更高的和更根本的價值還是有可能源於欺騙、
自私和貪慾。甚至更有可能的是，構成那些好
的、值得尊敬的事物之價值的東西恰恰在於它們
與那些邪惡的、表面上對立的事物暗中相類似，
相關聯，相交織，也許甚至在本質上相等同。
也許！

（《善惡的彼岸》，1.2）

　　照這樣思考下去是危險的，而尼采並沒有減緩勢
頭。緊隨其後，讓我們看看他在多大程度上已經從本
節開頭所關注的問題上移開。尼采此時細致審查的不
是我們的求真意志，而是我們認為某些主張為真實的
意願，那些將我們輕視的事物和珍視的事物對立起來
的意願。尼采所做的是舉出一些例證，來說明我們認
定的真理的基本價值事實上來自於其他更為本能的價
值。他希望我們發覺這些例證令人討厭但卻無法反
駁。一個哲學家當然會承認，真理乃是一種有意識的
反思，但是，尼采進而論證了另一觀點，他將哲學家
的大部分活動置於本能的層面，聲稱哲學家有意識的
思考聽命於他們的意向，「即價值評判，或更清楚地
說，為了維持某種生活方式而產生的生理上的要求」

（《善惡的彼岸》，1.3）。這聽上去很糟糕，然而，在另一篇討論智識上的道德敗壞的文章中，尼采又說：

> 對我們而言，一個判斷的錯誤並不必然是對一個判斷的拒斥；在這方面，我們的新語言聽起來也許是最奇怪的。問題在於，一個判斷能在多大程度上提升生命、延續生命、維護物種，也許甚至培育物種……對非真理作為生活的條件加以承認，這就意味着以危險的方式抵制慣有的價值情感，而敢於冒此風險的哲學將由此獨自置身於善惡的彼岸。
>
> 《善惡的彼岸》，1.4）

這樣的哲學將否定我們進行價值判斷的基礎，從而置身於善惡的彼岸。它也將使我們變成關注全部人類生活場景的人類學家，這樣一來，我們也會置身於善惡的彼岸，就像研究原始部落的人類學家「超脫」於他們所研究的部落的概念一樣。然而，這樣做是把我們置於太高的位置上了——我們被視為新哲學家：《善惡的彼岸》的副標題是「未來哲學的序曲」。任何一個人如果像尼采那樣從《曙光》中的「關於道德偏見的思考」那裏就開始關注如此影響深遠的一件事，都勢必會感到自己佔據了越來越崇高的位置，因為他意識到，任何有關道德的意見都是偏見。但是，這樣的觀點確實會產生出

尖銳的問題：他如何實現並且維持如此高高在上的視角。在某種意義上，他的處境與眾所周知的「人類學家的困境」恰恰相反。即是說，如何理解一個部落，如果它所有的概念你不得而知——因為理解在某種程度上就是準備將相同的概念應用於相同的環境中；如果我們與一個善用巫術的部落之間存在着如此廣泛的差異，它的巫術建立在部分部落成員踐行的規則儀式與其他成員承受的結果之間的偶然聯繫之上，那麼，看上去我們就無法理解他們到底在做甚麼——或者至少一些人類學家和理論家會這樣認為。

然而，在試圖採用人類學的姿態對待他自己的社會以及西方文化的核心傳統時，尼采卻陷入了一種不同的，但可能更令人擔憂的境地之中。因為他第一個認定，不存在可以冷靜觀察世界並且不受環境影響的實在自我。他愈發迫切地指出，我們並不超然於自己的本能衝動、記憶，以及其他那些由語法（以及衍生於語法的哲學和神學）推演而出的歸某一神秘主題所有的狀態和性情。這些心理狀態由我們成長於其中的社會所決定，使得我們無法與自我相分離去審視一個問題：如果獨立於組成我們的事物，我們會成為甚麼樣子。那麼，又是甚麼使尼采能夠以神的眼光注視人類的狀況，並根據這一狀況進行超越善惡的判斷呢？

尼采從未直接回答這個問題，儘管他當然意識到了這個問題。他的解決方案，就其本意來說在於一個

主張，由於這個主張如此適於解構主義者的闡釋，所以成為近年來他最著名的觀點。尼采認為根本不存在無法闡釋的事實，他就這一點最強有力的主張來自於他的筆記〔作為《強力意志》（*The Will To Power*)的第481節出版〕。在尼采已發表的作品中，最明確的聲稱是：「世上只有觀念的看，只有觀念的認知，我們越是允許更多的情感去言說事物，我們關於此事物的『概念』，我們的『客觀性』就越加全面。」〔《論道德的譜系》（*The Genealogy of Morals*)，3.12〕這樣一來，闡釋主體和闡釋對象所處的位置就與樸素的認識論對它們的設定完全不同。我們注定要從自己的視角對事物進行觀察，因此，採用盡可能多的視角是一個不錯的方法。我們永遠無法到達「事物本身」，原因既在於我們自己，也在於就這個短語所具有的傳統意義而言，我們沒有理由認為存在這樣的事物。

尼采從未詳細闡明他自己的認識論，我們也沒有理由認為他特別想這樣。和以往一樣，尼采最關心的是文化，並且樂於通過講述他對於視角問題的研究——雖然這遠不足以避免他的觀點引起的爭議——來強調一點，即我們的信仰，尤其是關於價值的信仰，從未獨立於我們在這個世界中所佔據的位置。如果一個人試圖將他的透視主義置於這種影響之上，這是很令人懷疑的。這無疑解釋了，在上述《論道德的譜系》的引文中，為何會有大量引號圍繞在機智的

話語旁邊。然而，就價值而言，尼采以自己的實踐表明，一個人如何能採用不同的態度看待一個具體問題，並且從未達到與此問題相關的真理，因為那樣就等於假定在價值的世界中存在真理——由此賦予真理優先地位，這一點他當然極力反對。

然而，似乎確實存在着一個標準，它於尼采的第一部作品中首次亮相，並且直到最後一部作品依然存在，所有的一切都是基於這個標準最終得到評判。這就是：生命。我們已經注意到，尼采在《善惡的彼岸》中已聲稱，一個判斷的錯誤並不必然是對這個判斷的拒斥，問題在於，判斷能在多大程度上提升生命、延續生命。在寫作《善惡的彼岸》的同一年，尼采為他此前出版的作品寫作了多個版本的序言，《悲劇》也在其中。在《悲劇》序言裏，「生命」再一次成為評判一切事物的標準：「以藝術家的視角看待科學，以生命的視角看待藝術」，這在「自我批評的嘗試」一節中被尼采稱為「這部大膽的作品第一次敢於解決的任務」。生命與甚麼相對呢？尼采給出的答案並不比其他傑出的藝術家和哲學家給出的更加明確。他關心的當然不是周圍生命的數量——倘若生命真有數量可言，他也寧願這個數量少些，寧願生命處於更高的等級。然而，何為更高等級的生命呢？好了，就是超人吧，一個人可以這樣想像。但是，我們已經看到，這個人要想有所助益，就必須對超人有更多想

像，超人是查拉圖斯特拉開具出來卻未指出兌現方式的一張空白支票。是強力嗎？既然生命就是強力意志，強力當然關係重大；然而，尼采並不贊同所有強力。他不可能贊同，否則就等於對一切事物都表示贊同。而且，在尼采的哲學中，強力和生命這兩個詞佔據的概念領域如此相同，以至於不是一個洞明另一個，而是兩者都需要獨立的觀照。

　　所有擁護以生命作為終極標準的偉人——基督、布萊克（William Blake）*、尼采、史懷哲（Albert Schweitzer）**、勞倫斯（D.H. Lawrence）***，僅舉幾例——都從更為珍貴的生命形式和種類出發，強烈地譴責生命數量過多。在某種程度上，人們領會了他們的意思。儘管，細菌可能宣稱它們毋庸置疑地擁有和大的有機體相同的生存權利，而史懷哲正是為了這些有機體才主張消滅這些細菌。並且，此處所提到的被視為「站在生命一邊」或者「否定生命」的這五個人在許多方面截然不同。然而，當他們代表生命發言，所說的話模棱兩可、並且通常對作決定不利時，他們並非一無所指。一般情況下，尼采所指的生命接近於生命力（vitality），甚而接近於活力（liveliness）。這一點在他

---

* 　布萊克(1757–1827)，英國詩人，主要詩集有《天真之歌》、《經驗之歌》等。

** 　史懷哲(1875–1965)，德國哲學家、神學家和風琴演奏家。

*** 勞倫斯(1885–1930)，英國作家、詩人、劇作家和文學評論家，主要作品有《兒子與情人》、《戀愛中的女人》和《查泰萊夫人的情人》等。

評論藝術時逐漸變得清晰。在尼采後期和最後階段的寫作中，對藝術的評判標準是，它是否顯示出創造者極為充沛的創造力，或者是否是需求和被剝奪之後的產物。正是作為後一種普遍狀況的典型例證，瓦格納受到尼采的譴責。

有一點至少很清楚：生命力，即使不是充份條件，也是尼采在晚期作品中認可事物的必要條件。歌德(尼采很自然地將他當做神話)這樣的人物所以受到尊崇，是因為他能夠在廣泛多樣的領域裏，在一個空前多產的生命歷程中組織並調動起大量不同的動力。並且(暫時回顧一下風格)，他所做的一切都打上了自己的印記。然而，在生命這個標準的表面之下，潛伏着強烈的、令人不安的緊張。斯塔滕圍繞着這種緊張寫作了他的那本傑作(我們已經引用過書中的一整段)，精闢地論述了其中至為關鍵的一點：

> 一方面，存在着一種全面的體系，它同時包括健康和衰敗；另一方面，尼采無法割捨在宣稱強大勢力戰勝衰敗力量時感到的滿足。這些力量之間的關係問題也就是尼采的身份問題。
>
> (斯塔滕，1990：30)

也就是說，尼采被引向了總體肯定，正如永恆輪迴揭示出的那樣——如果它有所揭示的話。然而，肯

定活動面臨着強大反抗，這反抗來自於他對所遭遇的幾乎一切事物的極端厭惡，當然，這些厭惡就存在於他的同時代人之中。這種緊張與那種生命的緊張相當類似：是一切生命，還是只是最高尚、最好、最強大的生命？

令人驚奇的是，就我所發現，尼采從未注意到他作品中的這種分裂，尤其是這種分裂必然反映出他在試圖應對自己的痛苦生命時所經歷的種種危機。這種分裂也可以被看做《悲劇》中的日神和酒神的推演。因為日神以一種可忍受的方式表現生命，它排除一切陰霾之面；而酒神不忽略任何事物，強迫我們去直面那些生存的基本恐懼。如若尼采沒有發現自己因為種種原因不得不放棄《悲劇》中藝術家的形而上學，那麼，他就會為自己建立一個體系，這個體系認可他性格中那些彼此矛盾的衝動，並且解釋產生這些衝動的原因。

然而，就在不久之後，那個我們幾乎無法忍受的「痛苦」對尼采開始具有完全不同於《悲劇》所預示的意義。在《悲劇》中，痛苦是壯觀的，通常情況下是受難，有時也表示一種原初的喜悅。對這種苦難的肯定是令人振奮的，也是幾乎不可能做到的，除了最偉大的悲劇作家。正是在這一方面，尼采公開暴露出他的不成熟之處以及經驗的缺乏。然而，當經驗不斷豐富，並且突然來得太多太快時，其結果則是，儘管

其中的一些經驗令人震驚，如果沒有過份渲染，仍可以在酒神的保護之下被看到，大量其他的經驗則不在《悲劇》的考慮之中，並且令尼采感到茫然：它們瑣碎細小，並不比被一大群蟲子叮咬所遭受的痛苦更刺激人。其結果是，如果你是尼采，那麼最難面對的就是日常瑣事，因為將這些瑣事歸給任何一位藝術之神都是對他們的侮辱。正因為如此，尼采無法將19世紀最典型的藝術形式，即現實主義小說，歸入任何藝術範疇。當然也存在着與小說相對的藝術形式，即器樂演奏，它正以西方文化中前所未有的規模和方式蓬勃發展。但是，只有作為悲劇的一部分，音樂才扮演了它最真實的角色。如今，在世俗世界和「純粹」音樂之間存在着巨大的裂痕：世俗世界明顯不受任何形式的藝術美化的影響，而「純粹」音樂所表現的壯觀與悲苦也不被「現實」玷污。將兩者結合起來的企圖造就了瓦格納的江湖騙術，因為它最具欺騙性，所以是最令人痛心的當代現象。再沒有出現其他人去聯合這本不應分離的事物。〔就形勢的嚴峻程度來說，尼采在最後關頭對比才在《卡門》中表現出的天賦擊節讚賞，顯得有些平淡。尼采需要一部作品，在其中意義具有普遍性，然而，正如阿多諾（Theodor W. Adorno）所言，《卡門》毫不妥協地拒絕將意義賦予任何事件。〕

在第三部的某處，查拉圖斯特拉為了恢復精力暫

時回到山上，他説：

> 在山下的世間，一切言語皆是徒然！那裏，忘卻和離開乃是至上的智慧：這一點我現在懂了！要理解人類的一切，就必須把握住一切。可是，我的雙手太乾淨，不屑於這樣做。我甚至不願意與他們共同呼吸；唉，我在他們的喧囂和污穢的氣息中生活得很久了！

(《查拉》，3，「還鄉」)

查拉圖斯特拉繼而帶着恐懼，講述了他在人世間遭遇的那些難以迴避的空洞言談。我確信，那就是尼采對他身處的城市環境的通常反應。然而，對不夠格的肯定者(affirmer)而言，自絕於幾乎所有的人類生活卻是一種奇怪的行動。看上去，通過談論「忘記和移開目光」，尼采試圖迴避他所瞥見的自己觀點中的矛盾之處，就如同在《快樂的科學》第四篇的開頭他所説的，「移開目光，這將是我唯一的否定」。然而，如果需要目光的事物無所不在，你只能或者生活在隔室裏，或者拋開這個世界走入山頂的洞穴中，那麼，又會是怎樣的結果呢？這種情形所顯示的絕望，比與平庸結合並對平庸進行譴責更加令人難以承受。而當尼采有了這樣的想法，或類似的想法，他反而下定決心，不管以何種方式，他將肯定一切。畢竟，在一種無限説「是」的哲學裏，一開始就將大多數事物劃在

界外的做法很難稱得上高明。當查拉圖斯特拉聲稱，對永恆輪迴最大的抵抗就是認為渺小之人將會回歸這一思想時，他認可了這一點。在《瞧，這個人》中，帶着別具一格的絕望的幽默，尼采表達了相同的思想，他寫道：「坦白地說，永恆輪迴是我真正深不可測的思想，可對它提出最強烈的異議的總是我的母親和妹妹。」（《瞧，這個人》，「我為甚麼如此有智慧」，3；這個段落一直被伊麗莎白封存，直至1960年代才得以出版）

尼采對肯定一切也有着更深的擔憂。儘管尼采着迷於一些慣用語，如「愛命運」，他也意識到，這些慣用語不可避免地令人沉悶。因為在肯定與聽任之間並不存在易於說明的區別——更確切地，我們可以說，它們形態不同，但在實踐中卻很難知道這種不同會帶來甚麼。這是微笑與聳肩之間的區別嗎？這就足夠了嗎？肯定生命的全部豐饒——也包括全面分析生活的貧瘠，按我的理解，這並不要求事實上去做任何具體的事情；它至多要求採取一種態度，歡迎發現的一切。但是，如果發現的是渺小與精神的敗壞，並且這一切是不可抗拒的，那麼，看起來就需要肯定者的干預，從而提升這個世界的格調。這正是阿多諾簡要表達出的反對尼采的地方（阿多諾，1974：97–98），也是尼采自己內心孜孜以求的目標，《善惡的彼岸》對此表現得最為明顯。這意味着他必須繼續向前，在一

本書中提出的難題推動着他在另一本中尋求解決——
這是他一部接一部筆耕不輟的典型驅動力〔參見彼
得·赫勒（Peter Heller），1966〕。然而，儘管下一部
是他最傑出的作品，由於尼采毫不退讓地堅持誠實，
這部作品並未舒緩此種緊張，實際上反而拉緊了它。
這使得最後一年，即1888年出版的那些作品，在無比
的厭惡與熱烈的讚頌之間來回震盪。

第八章
主人與奴隸

尼采為《論道德的譜系》加上了「一篇論戰文章」這個副標題，並在次頁宣稱此書是「我上部書《善惡的彼岸》的續篇，也即補充與澄清」。至少從表面上看，此書與尼采的其他作品形式不同，它由三篇帶標題的論文組成，其中包含若干相當長的章節。《道德》一書據說帶有學術論文的一些附屬部分，但這不過是尼采式的揶揄。儘管論述內容極為嚴肅，其筆法卻是對學術程式的嘲弄式的模仿。這部書無疑是尼采最複雜的文本，至少前兩章如此，辯證性逆轉運用之嫻熟已臻完美，再往前推一點點就會顯得混亂了。值得注意的是，在聽過希奇曼（Eduard Hitschmann）* 於1908年讀出《道德》的摘錄後，弗洛伊德說尼采「對他自己的理解之深超過任何在世的或將要來到世上的人的自我理解」〔瓊斯（Jones），1955：2，385〕。在《道德》中，尼采就如何釐清痛苦之含義以及前人在這方面所作的努力進行了深入持續的闡發。弗洛伊德傾畢生之精力，從截然不同的角

***

* 希奇曼（1871–1957），奧地利醫生和心理分析師。

度從事着相同的事業，因此他有感而發盛讚尼采之詞也不足為奇。《道德》論述之迂迴曲折往往出人意料，有時見於全然的矛盾對立之中。這都源於尼采一直以來對人賴以對抗痛苦的各種方法所進行的思考。因此(按照尼采的思路繼續推演)，禁慾主義者之所以將某一種痛苦加於自身，不過是為了逃避更多其他類型的痛苦。我們當然無法僅憑此行為本身作出評價。待到第三篇論文《禁慾主義理想意味着甚麼？》，當尼采逐一檢視藝術家、哲學家、牧師及其跟隨者所奉行的各種各樣的禁慾主義時，他的評價變得豐富並且相互間形成了關聯，這些複雜的聯繫恰恰反映出了尼采的論述已臻精妙，雖然它時常為文字的力量所掩蓋。這種精妙表明，現象已不易為可理解的排序所左右。

從整體上看，《道德》一書的發展起於對比的單純，終於範疇的消解，前者從形式到內容都引人產生疑問，後者則近於不可理解。第一篇論文《善與惡、好與壞》假定的前提是「高貴者」，他們因所處地位而擔當起價值的立法者，「他們認為並且確立自己的行為是好的，也即上等的，與所有低下的、卑賤的、平庸的和粗俗的相對。正是出於這種距離感他們首先掌握了創造價值及為價值命名的權利：「這和功利有何相干！」(《道德》，1.2)。正是在這裏，尼采明確闡釋了「善惡的彼岸」這一短語的另一效力。因為

善惡此時被歸為奴隸的範疇，奴隸們將主人視為惡的化身，並將與主人不同的東西定義為「善」。與之相反，最初的貴族首先定義自身，然後將任何缺乏他們品質的東西定義為「惡」。很明顯，尼采認為後一種過程優於前一種，前者本質上是被動的，是否定的產物。這些原初貴族(proto-nobles)的問題在於，他們生活的態度過份簡單，使人厭倦。天生健壯，對痛苦漠然處之，無意於譴責與他們不同的人，他們是價值創立者，卻缺乏使價值評判產生意義的原料。

在《善惡的彼岸》中，尼采不斷強調審慎評判的重要性——生命即依賴於此。但無限制的肯定有時似乎是唯一積極的價值，高尚者早先所處的境況很接近於此，這時候，審慎評判應如何進行？順理成章地，這將我們帶回到《善惡的彼岸》的困境之中。例如，沒有悔恨或懷舊的生活聽起來似乎很美妙，但是，人怎能不悔恨虛擲的光陰、錯失的機會、失敗以及一去不復返的歡樂？在悔恨中，人又如何能避免進行對照與比較，而這正是評估的基礎？一般而言，查拉圖斯特拉的一些意味深長之語似可解決此問題：

> 朋友們，你們是在告訴我，別去爭論甚麼趣味和品位？可生命的一切就是圍繞着趣味和品位的爭論！趣味，同時是砝碼、秤盤和驗秤者；一切有生命者，想要不圍繞着砝碼、秤盤和驗秤者的爭論而生存下去，那就注定要遭難！

（《查拉》，2，「論崇高的人們」）

因此很明顯的是，高尚者，即那最初的「主人」，他們並非尼采確定無疑要讚美的主題。同樣地，憎恨主人的「奴隸」，在對自己悲慘命運之根源的不斷質詢中，則更有可能帶來有趣的答案。但他們的答案過於有趣，丟失了任何可能的英雄式的單純。毫無疑問，因為它丟失了，並且不能恢復，我們這些後來的已墮落的人，就必須鼓起遲來的勇氣去論證，無論這將引向何處。讓我們粗略概括一下尼采的主要論點(想對《道德》進行總結概述是無望的)：奴隸們發現，只要比主人更精妙(這並不困難)，他們就可以有效地錘煉自己的強力意志，雖然從高尚的角度看來這樣過於卑下，但最後，他們甚至可以將主人按照自己的價值轉化。這就是從處於牢籠中的猶太教到基督教的不可避免的發展進程，也是有史以來道德方面所發生的最大的政變。在第二篇論文《「負罪」、「良心譴責」及其他》中，除了其他論題以外，尼采對此進程進行了追溯。通過譴責諸如驕傲、富足、自得等世俗價值，並將之替換為謙遜、謙卑以及其他價值，基督徒成功地將其統治者變得與他們一樣渺小。但他們也由此培養了一種價值，埋下了足以毀滅基督教精神的種子。在《道德》結尾處，尼采引用了《快樂的科學》第五卷中最具說服力的一段：

基督教道德本身，是真實概念的不斷嚴格化，是懺悔之微妙，它體現於基督教良心被不惜代價地轉化、升華為科學良心以及知識之潔淨的進程中。自然被看做上帝之仁慈和旨意的證明；借神聖理性之光榮，歷史被解釋成道德世界的秩序和道德意向的永恆見證……──這些似乎都已經成為過去，這些都有與之相對的良心……」

（《快樂的科學》，357）

尼采繼而在《道德》中寫出了最精彩的段落：

所有偉大的事物都通過自我征服的方式導致自我的毀滅：因此，生命的規律會起作用，那是生命的本質中不可或缺的「自我征服」的規律，規律的制定者最終也聽到了召喚：向你自己制定的規律屈服吧。就這樣，基督教作為教義被自己的道德所摧毀；出於同樣的原因，基督教作為道德現在也必然要毀滅；我們正處於這一事件的開端。

（《道德》，3.27）

尼采最後在書中評論說，求真意志獲得了自我意識後，受基督教挾持的道德將最終瓦解。

請注意「所有偉大的事物」及其後關於基督教的自我毀滅的敍述。《道德》是尼采最均衡的一部書，

不是因為風格上的莊重節制——尼采對此已經興趣全無，而是因為它將對立各方推到極致並對它們一視同仁。這樣，尼采就可以統轄一場或者多場爭辯。他樂於為各方提供最強大的裝備，貢獻最大限度的支持，讓它們一決雌雄。這使他得以沉迷於最後幾部書中精心設計的偏見。《道德》是創造性的回顧，也是通往尼采被突然中斷的下一階段的起點。

這一回顧的向度形成了第三篇論文《禁慾主義理想意味着甚麼？》的奇怪結構，該篇論文似乎游離於尼采之前的論點之外。在這篇論文中，尼采從加於自身的痛苦出發，考察了禁慾主義理想對於在他看來至關重要的幾類人來說究竟意味着甚麼。無論如何，生活是可怖的，為甚麼還要奉行禁慾主義、自願增加正常人都想避免的東西，使生活變得更糟？我們無法忍受偶然襲來的、毫無緣由的痛苦，但當我們主動將痛苦加於自身時，我們不僅可以理解痛苦，而且也由此理解整個生活。藝術家是尼采首先審查的對象，但他很快轉而思考瓦格納（這在尼采給我們的驚訝中不算甚麼），並對瓦格納晚年崇奉貞操進行了分析。在這一過程中，尼采說「我們最好把藝術家和他的作品分開來看，不必像對待作品那樣認真地對待藝術家……事實上，如果他和作品一樣，他就不會去表現、構思、表達作品：假如荷馬是阿喀琉斯（Achilles）*，他就不會創

---

* 希臘神話中海洋女神忒提斯（Thetis）與國王佩琉斯（Peleus）的兒子，全

造出阿喀琉斯，如果歌德是浮士德(Faust)，他也不會創造出浮士德」（《道德》，3.4）。結論是，藝術家是不需要道德意識的，他可以採取有利於作品的任何姿態。藝術家依靠經驗進行創作，而創作和「真」並無干係。「那麼，禁慾主義的理想究竟意味着甚麼呢？對藝術家而言，正如我們所看到的，它毫無意義！」（《道德》，3.5）尼采於學術生涯伊始認為「藝術是生命中真正的形而上活動」，在拋棄形而上學之後，他現在傾向於認為藝術和現實並不密切相關。在後來的一次評論中，他寫道：「哲學家說『善與美一致』，這是不光彩的；如果他還要加上『與真也一致』，我們應該對他飽以老拳。真理是醜陋的。我們擁有藝術，以免我們因真理而毀滅。」（《強力意志》，822）尼采總是以藝術作為人類活動的典範。這又是一個未解決的難題：藝術家似乎生性多疑，藝術為了維持生命而逃避着真理，但藝術常常被表現為真理——瓦格納當然就是這麼幹的。尼采嚴厲地譴責任何一位試圖照實記錄現實的藝術家。除此類藝術家之外，其他藝術家「不論在甚麼時代，都是某種道德、某種哲學或某種宗教的僕從」。（《道德》，3.5）因此，為理解禁慾主義理想起見，「讓我們撇開藝術家」（出處同上）。

尼采繼而開始論述哲學家。哲學家為自己的利益

身刀槍不入，唯有腳踝例外，故有「阿喀琉斯之踵」的諺語。

而奉行禁慾主義。但在這裏，禁慾主義首先僅指執着於一個目標並為追求此目標摒棄各種快樂。而禁慾主義之所以有強烈吸引力，是因為擔心自己受之有愧而恐懼生活中的各種享受。存在兩種禁慾主義：有選擇的禁慾主義和強加的禁慾主義，它們是截然不同的現象。那些聽從教士的命令而奉行禁慾主義的人，並非為了達成任何以禁慾為先決條件的善，而是因為教士強加的負罪感驅使着他們不斷接受理應承擔的痛苦：通過施加更多痛苦向人們解釋人生為何會有痛苦，這其中包含着可憎的殘忍，即人要為自己的痛苦負責。

　　這種怪異的現象既令尼采着迷也使他恐懼，正如他對人們背對生活的整體、活在瑣屑的悲慘狀態中感到吃驚一樣。「人是病態的動物」，但似乎所有的藥方都已試過卻並不奏效。因此，尼采才日益焦躁起來——這反映在他最後一年電報式的散文風格上，也才渴望徹底的革命。當尼采自己的痛苦變得越來越激烈，尤其是1887和1888年痛苦以驚人的速度加劇時，他對任何試圖賦予事物意義的觀點變得越發難以容忍；在此期間，他以同樣的態度看待道德，認為道德不過是頻繁地採用一些極為精巧的步驟，勸人們相信良好的舉止與成功密切相關。在《道德》結尾處，尼采許給自己這樣的希望：「毋庸置疑，道德將逐漸消亡。」但他不可能真的相信這一點，因為《道德》的大部分章節都在表明，即使不擔任教職，教士這類人

也有近乎無限多的方式來謀求道德不斷發展。拋開基督教，人可能變得偉大，但我們更可能依附在基督教道德上，聲稱僅需微小的調整即可在功利的塵世建成天國。當人變得越來越渺小時，即使仍有實現偉大的可能，我們也已經失去了認識偉大的能力。奴隸的道德取得了勝利。我們心滿意足地做奴隸，即使已沒有主人存在。《道德》的最後一節十分精彩，不加簡化也不作概括地總結道：

> 人，這最勇敢、最慣於忍受痛苦的動物，他並不拒絕痛苦本身：他想要痛苦，甚至尋求痛苦，只要有誰給他指示出一種意義，指示出痛苦的目的。是痛苦的無意義，而不是痛苦本身構成了長期壓制人類的災難，而禁慾主義理想給人類提供了一種意義！直到現在，這還是人類唯一的意義，任何一種意義都強似毫無意義……人因此而得救，他擁有了意義，他再也不是風中飄零的葉子……他現在可以意欲些甚麼了；追求的初始目的、原因和手段都無關緊要：意慾本身得到了拯救。
> 我們不能再緘口不談那全部意慾所要表達的東西，它從禁慾主義的理想中找到了自己的方向：仇恨人類，甚而仇恨動物界，進而仇恨物質；憎惡各種感官，憎惡理性本身；畏懼幸福與美；渴

望擺脫一切表象、變化、成長、死亡、願望，甚至擺脫渴望本身——這一切意味着（讓我們鼓起勇氣理解它）一種對虛無的欲求，一種對生命的反感，對生命最基本的先決條件的反抗；但它是並且仍將是一種意慾！……最後讓我用開頭的話來結尾：人寧可欲求虛無也不能無所欲求。

尼采以這些話語結束了他最後一本原創著作。此書不包含絲毫希望的信息，語氣之歡欣鼓舞卻讓人稱奇。不管怎樣虛幻，在這個階段給出的診斷卻足以使人驚異，因為它已走在治療的途中。

第九章
用錘子進行哲學思考

　　1888年，也就是尼采神智正常的最後一年，是他非常多產的一段時期，但寫出的內容卻越發怪異。尼采開始寫作本可能成為他壓軸之作的一部書——《重估一切價值》，隨後又放棄了。有人可能懷疑，原因大概並不在於缺乏毅力，而在於尼采最終發現自己陷入迷惑之中。他慣常使用的「返璞歸真」、「新意識的誕生」等短語，在不能用藝術的形式體現時，對他顯得尤為空洞。因此，尼采試圖進行深入論辯，在寫作風格上變得異常清晰，這在以前是從未實現的。一些評論者認為，他將過去的言論簡化為口號降低了原來思想的分量；其實不然。

　　然而，在尼采和自己畢生中研究過的偉人逐一清算的時候，這些論辯文章一次又一次地發出輓歌式的鳴響。尼采寫了兩本關於瓦格納的小冊子，他從未擺脫瓦格納在個人性格和藝術兩方面對他的巨大影響。第一本書《瓦格納事件》犀利而又風趣。正如睿智的評論者托馬斯·曼所指出的，其總體效果是一種奇妙的倒置式讚美，許多讚美甚至沒有進行倒置。當尼采

最終回顧自己的整個藝術體驗過程時，對他而言最重要的作品似乎仍是《特里斯坦與伊索爾德》，一如《悲劇》中的情形。毫無疑問，尼采談起這部作品對自己的影響來，仍然是最雄辯有力的。攻擊瓦格納是個頹廢者，說他以神話方式刻畫本屬福樓拜（Gustave Flaubert）筆下的人物，這些反過來也可以針對尼采本人：「大體而論，瓦格納看來只對如今吸引着可憐的巴黎頹廢派的問題感興趣。總是離醫院近在咫尺。這些都是十足的現代問題，十足的都市問題。對此無須懷疑。」（《瓦格納事件》，9）尼采呢？他當然正掌管着這醫院裏發生的一切過程。

第二本反對瓦格納的辯論文章《尼采反對瓦格納》（*Nietzsche Contra Wagner*）是尼采早年作品的輯錄，從《人性的，太人性的》到《善惡的彼岸》，只是略加修訂。瓦爾特・考夫曼認為此書「很可能是尼采最美妙的書」。這一評價有些奇怪，並不是說此書不包含美的段落，而是說它不過是一個選集而非結構嚴謹的著作，並且只有二十頁的篇幅。和其他作品一樣，這本書也是尼采製造自我神話的一部分。在書中尼采把自己說成是「被罰做德國人」，而瓦格納和其他人截然不同，直到後來他也「茫然無助，絕望崩潰，突然跪倒在基督的十字架前」（《尼采反對瓦格納》，「我是如何擺脫瓦格納的」，1）。尼采把瓦格納刻畫成自己的對立面，以此說明，如果沒有足夠的力量意識到完全的浪漫主義所帶

來的危險，自己也會成為瓦格納那樣的人。尼采對音樂、對瓦格納的音樂劇、對瓦格納的天賦本質之深刻洞見，令人嘆為觀止，而把這些段落聚合起來更增加了此種效果。但更重要的是，這本書印證了一點，即尼采對禁忌事物懷有持久不變的愛好。

這個論斷對《敵基督者》更加準確。在尖銳而有力的論辯中，此書將基督描述為「偉大的象徵主義者，〔因為〕他只接受內在的現實為現實，為『真理』——其他的一切，一切自然的、時間的、空間的、歷史的東西在他看來只是符號，只是譬喻的時機」（《敵基督者》，34）。這一段鋪陳下去直達歡樂抒情的頂峰，直讓人替他擔心如何收場。尼采巧妙地通過攻擊祁克果（Kierkegaard）可能引以為豪的基督教王國，以及攻擊自己極力反對的聖保羅，完成了這一步。但尼采就教士利用基督教義所表達的憤怒，因富有激情及對腐化的滿腔厭惡而灼然生輝。他的話發人深省：「只有基督徒的踐行，像死在十字架上的那個人所經歷的生活，才是真正信奉基督的。如今，這樣的生活還是可能的，對於某些人甚至是必需的：真正的、原初的基督教在任何時候都是有可能的。」（《敵基督者》，39）但這樣的生活並不適於堅強的心靈，因為它倚賴的是信仰。「信仰帶來福佑：因此，信仰靠不住。」（《敵基督者》，50）這話出自於在宗教方面拘謹得近於頑固的尼采，他認為，「當快樂的情感進

入對『甚麼是真的』這一問題的討論時，對『真理』最強有力的懷疑就會產生。」（《敵基督者》，50）人們可能贊同這一點，儘管尼采似乎暫時擱置了他對求真意志的質詢。在同一本書的前面章節，尼采對康德的倫理學進行了猛烈的抨擊，寫道：「在生命本能的驅使下所採取的行動，伴隨而來的快感可以證明它的正當性；然而，這個滿腹基督教條的虛無主義者〔康德〕卻把快感當成反對這一行動的理由。相較於沒有內在需要、沒有個人選擇和沒有絲毫快樂地工作、思考、感覺——只是作為自動自覺的『義務』——還有甚麼能更快地毀滅我們呢？」（《敵基督者》，11）儘管這裏沒有明顯的矛盾，卻體現出一種獨特張力，一面是勇於面對一切的大無畏者尼采，一面是高談闊論的快樂主義者尼采。

1888年尼采最富有活力、最機智、最令人欣悅的作品是《偶像的黃昏》，標題戲仿瓦格納充滿宿命論色彩的《諸神的黃昏》。這部著作顯示了尼采揮灑自如的寫作能力，雖然它成書於尼采精神瀕臨崩潰之時。書中包括尼采篇幅最長、最熱烈的對歌德的讚美詩。自尼采放棄超人後，歌德逐漸成為「高等人」的原型，令人欣慰的是，這個概念存在諸多例證；而查拉斯圖特拉則一直堅持認為，「超人從未有過」。儘管尼采對任何一種高等人都有所保留，但通過歌德，我們至少可以理解尼采讚頌的究竟是何等人物。歌德

「想要的是整體；他抵制理性、感性、情感和意志的彼此割裂(與歌德的意見正相反，康德用一種最令人望而生畏的經院哲學鼓吹這種隔絕)；他訓練自己成為整體，他創造自身」(《偶像的黃昏》，「一個不合時宜者的漫遊」，49)。尼采對他不吝自己最高的讚美：「這樣一個精靈，帶着快樂和信賴的宿命論自由屹立於宇宙之中，心懷一種信仰：唯獨個體令人生厭，在整體中一切都得到拯救──他不再否定。然而，這樣一種信仰在一切可能的信仰中層次最高：我用酒神的名字來做它的教名。」(出處同上)這段話裏包含着明顯的轉變──我們從未聽尼采説過「唯獨個體令人生厭」，也不知道此中有何含義。但我們多次聽到尼采談論酒神狄俄尼索斯，雖然效果殊異。酒神幾乎從未離開過尼采的萬神殿，卻在這最後一年中登台最多。和往常一樣，酒神是無限肯定之神。但肯定的語境已經迥然不同，因此所需的肯定的類型也和《悲劇》幾無相同之處。

此時的尼采是在地獄裏勇敢地討論天堂的歡樂──這一年他比以前更多地進行否定。有人甚至會説他的肯定只是否定之否定，這就是他的悲劇所在。他的信仰──我們居然發現尼采會從積極的角度談論信仰──就在於，做一個無須以否定為起始的人是可能的。但他注定成不了這樣的人，他的辯證之術使用得越多，縱然機巧熟練、精彩疊出，他離那個理想就

越遠。我們可以確定尼采所能成為的狄俄尼索斯，只會是那個被撕裂為不可勝數的碎片、極為痛苦的狄俄尼索斯。

後記
尼采與生命保險

一

　　我想，任何一個人如果花大量時間與尼采相伴，不僅把他的著作當做待闡釋的「文本」，還當做生活中邀請讀者加入的實驗，他就一定會在某個時刻感到厭惡，又會在另一些時刻，為尼采的洞察力以及他在一些陳腐主題上的洞見和創新所折服，心中充盈着興奮與感激。我希望本書之前的章節能夠清楚地表明我對尼采的熱切回應，現在我想談談先前在我更傾向於持懷疑態度時尼采給我造成的一些印象。我接下來要做的主要是進一步闡釋此前略有提及的若干論題。此時此刻，這些論題比以往我所想像的更為重要，無疑也會比以後我能體會到的更為重要。正如我們所看到的，尼采或者他的代言人查拉圖斯特拉熱切地希望擁有思想上與之最針鋒相對的門徒，因此我將針對尼采的觀點和論述過程提出若干基本問題，這些問題雖然簡單，卻不能因此而被忽略。這些方法論以及內容方面的問題都產生於一種意識，即不管尼采如何聲稱，他實際上決意成為一個在論辯中不被戰勝也不可戰勝

的作者。也正因為如此，誠實的學者早晚會感到——與閱讀維根特斯坦（Wittgenstein）時相同——自己永遠只會是一個受愚弄的人。

尼采最常用的使自己立於不敗之地的策略就是聲稱，他對任何事物並不固持己見，儘管刺目的事實恰恰與之相反。在我看來，他非常嚮往這種不可戰勝的狀態，我也確信他對這一點一定會矢口否認。尼采是探索者也是試驗者，藉用《快樂的科學》第338節中的原話，他決心為「探尋自己道路」的人樹立一個榜樣。這件事情是如此困難，以至於信仰基督教*的人為迴避自己生命中的艱難困苦，要時常干涉他人。尼采只關心有望成為卓拔超群之士的人，他實際上奉行了一種極端的個人主義。這意味着，一個人要想成為卓拔超群之士，至少應與眾不同。因此，不管是否願意，他心中應當始終關注他人，這是個人主義者在其所處文化的晚期無論如何要付出的代價。這當然是尼采所要付出的代價，他對同時代人所作的無休止的攻擊已證明了這一點。尼采樂於給人一種對他人傲慢冷淡的印象，然而他是因為太過着迷於他人所表現出的各種頹廢之態，無法對之不加檢視，並非因為過於審慎而指出「我們其他人」並非如此。

我想説的是，尼采似乎認為，他的不確定性和非獨斷論的方法論，以及他極為重要的論斷，即「我還

---

* 原文the religion of pity，尼采以此指代基督教。

不夠頑固，無法建立體系，甚至就我自己的體系來說也不夠頑固」，使他在觀點和原則上能夠達到一種自由自主的狀態。然而在我看來，人們沒有理由不認為尼采自己應該給出他的道德觀點的基礎，並認定，尼采最好是以某個他人作為自己行為的榜樣。除非有人先驗地認為，要做自己就要與他人截然不同，否則，成為個人主義者與以其他人作為自己的榜樣之間並無衝突，哪怕是潛在的衝突。尼采對道德進行審美化的程度始終是值得商榷的，但其中所包含的一個確乎有害的方面則是認為，正如人們現在對藝術作品原創性的要求不僅僅是與其他作品不同，對人的道德要求亦應如此。正如我在第五章所指出的，無論如何，在我們的文化中，藝術作品之間的關係與人與人之間的關係存在着顯著差異。而尼采似乎認為，一群極為相似的人與一堆毫無差別的藝術作品一樣乏味和多餘。如果以上帝的眼光來看世界——這正是某些時候尼采假裝採用的角度，結果可能就是對「芸芸眾生」感到厭倦；如果人們確實太過相像，任何人都會感到厭煩——到一定程度，情況很可能是觀點一致的人也會讓人感到無聊沉悶。然而，也大可不必由此走向另一極端，要求所有人都盡可能具有最鮮明的姿態。從定義上說，卓拔超群是一種稀有的品質，但這並不意味着大多數不擁有或不渴望它的人，應該受到鄙視或被清除。

尼采之所以如此強調要成為一個無固定信仰的人，原因之一在於，在敦促人們成為自己的時候，他並不是在信奉任何需要探索或捍衛的理想。但是，他褒揚時所用的那些詞語，那些他竭力保存其純粹形式的詞語，正足以讓我們選出某些個體，他們擁有這些詞語所描述的品質。例如，「自我超越」是一個「厚重」的詞：我們可以說歌德超越了自己，因為我們知道，若沒有那些興趣，歌德可能僅僅是他的各部分之和，並會逐漸失去他在各部分中所具有的感染力；實際的歌德是一個令人驚異的生動的整體，這就是為甚麼尼采晚期的著作表現出對歌德的敬佩，並以歌德為榜樣，一個因無與倫比而應被模仿的榜樣。因此，尼采宣稱拒絕給讀者提供任何具體建議，除了成為自己之外──任何人都不會因為這條建議太過具體而加以批評，這種姿態不應掩飾如下事實，即尼采實際上遠比他所宣稱的更加明確清晰。他經常改換似乎已然堅信的立場，但我們不能就此傾向於認為他所持的那些觀點是暫時性的。我懷疑尼采本質上不能「安於不確定性」，從任何角度來看，他都不具備濟慈(John Keats)所描繪的那種詩性氣質。他的靈活性來自於隨時樂於改變自己的觀點。當尼采說他不夠頑固、無法建立體系的時候，他實際上應該說他不夠頑固，無法守着某一個體系。當然，不是說在任何一點上尼采會去詳盡闡釋某一個體系，他太缺乏耐心，不足以完成

此事。或者，這也可能取決於一個人對體系的定義。如果你所指的是希望所持有的所有觀點相互統一，那麼，不陷入思想混亂就是基本的要求。如果你所指的不僅如此，那就還應說出具體所指。但尼采除表示了對超驗形而上學的厭惡外，並未進行具體說明。

尼采大多數著作中所表現出的極端非線性特徵具有多種感染力，它不僅使讀者能夠在有興致的時候按照尼采的建議去公正地閱讀《曙光》以及他的大多數作品，而且也免去了他們理解長篇累牘的抽象論述時的痛苦。當然，正如任何審慎而着迷的讀者所意識到的，這樣做也有風險。一個不尋常的現象是，某一獨立段落強有力地衝擊了讀者，這種衝擊僅僅持續了一小段時間，下一引人注目的段落又會以截然不同的話題給讀者帶來相同力量的衝擊。事實上，這種非系統性不過意味着行文缺少組織，這對尼采這種思想豐富的作者來講不足為奇，它發於作者的經驗，又合乎讀者依自身經驗而來的反應。尼采迫切需要闡發隨時迸發出的精彩想法，討論的話題比以往任何一位哲學家都要廣泛，尤其是，如果考慮到他通常連續揮灑多篇所保持的水準，情況就更是如此。雄辯的激流結合着充滿洞見的思想，這意味着，你看完尼采的書，尤其是他中期的書之後，立刻覺得有必要再看一遍，同時為自己理解力和記憶力匱乏感到羞愧。這個過程永無休止，我們也因此心懷感激。即便如此，因為它於尼

采而言乃是自然而然形成的風格，我們不應將這種行文風格視為是在原則上拒絕系統化。比較一下《不合時宜的沉思》和《人性的，太人性的》這兩本書的任意部分就可以看出，每當尼采放棄以連續的散文體裁寫作的時候，就會使行文更加曉暢、明顯增色。對文章如此，寫一部著作就更不用説了。不管他是否以此作為一種論辯的策略，效果都是一樣的。就我所知，要説怎樣恰當地理解尼采，還沒有人給出過令人信服的回答。閱讀任何關於尼采的書籍或者文章，可以注意到主題是如何地局限於討論尼采的隻言片語，全然不顧其中所包含的廣泛而深刻的趣味。非常典型的情形是——當然也包括我自己的書在內——作者選擇一些可以討論的段落加以闡釋，一般是近年來頗受關注的段落，正如尼采的這一部或那一部著作在不同時間總會遇到的情形那樣；與此同時，尼采作品的絕大部分內容卻無人觸及。在這種分析方法之下，尼采表面上是勝者，其實卻是輸家。他希望我們將他的格言警句融入生活，同時又聲稱希望我們在接近他時永遠持懷疑態度。將他的某一句深刻格言奉為圭臬並身體力行，這會消耗一個人生命的許多時光——誰能在這樣做的同時又保持懷疑態度所要求的距離？這顯然不可能。事實上，任何像尼采這樣的作者確實要求從讀者那裏得到極大信任，雖然他裝作在這方面一無所求。

我發現，我就尼采的寫作方式所作的批評逐漸變

成了同情，比我原本設想的更甚，這也是慣於令人難堪的尼采加於讀者的另一獨特影響。

二

　　現在來重新考慮一下至少是我認為的尼采最重要的幾個觀點，更要強調一下這些觀點如何使尼采免受生命中的意外和突發事件的侵擾，這種侵擾是他最不想遭受的。尼采的理想乃是希望與世界及他在世上的經歷建立某種關係，通過這種關係，任何事物都不能使他不安、驚恐、厭惡或者受傷。如果讀者接受了上述說法，那麼尼采最令人費解的觀點——這些觀點究竟意味着甚麼，為甚麼他持有這些觀點——也就不那麼難以理解了。這種關係難以達成，真正達成的人將由此變得卓拔超群。這個問題的尖銳性可以通過再一次思考尼采對同情的態度彰顯出來。對尼采而言，同情往往不過是一種境況之症候，其實際情形比看上去更嚴重、更可悲：它相當於因為深受痛苦（不管是誰的痛苦）的侵襲而嘗試去緩和它，同時卻意識不到痛苦無所不在，嘗試減輕痛苦乃是愚蠢之舉。人應該採取一種不同的生活態度，它將使同情變得毫無意義。尼采從未像這樣直截了當地闡明立場，或許是因為他為痛苦的臨近而深感不安，因此犯下了一門心思只考慮同情的過錯。如果同情別人並為此付出行動完全是浪費時間和精力，那麼，在一段時間以後——尼采顯然忽

略了這樣一段時間——對這樣一群無可救藥的讀者闡明上述事實，也同樣是浪費時間和努力。應該做的事情是，將這一問題移至另一層面，在此層面同情這一行為不會成為關注的對象，並且表明曾有人這樣做到過，從而樹立一個尼采也不會表示異議的範例。

以何種視角看，一個人會希望如此行事？可以說，這就是尼采在高度成熟時期，也是在他的最終階段到來之前的那些著作中最關注的問題。事實上，在《快樂的科學》中，正是在他對同情及其效果所作的著名分析之前的那一節，尼采表明了自己的雄心，雖然尚處於醞釀之中；而且，尼采不經意地流露出對自己所描繪的理想，他是多麼絕望無助。我僅僅引用其中一小段——尼采展示其論辯才氣的文字即使只是片斷，也給人以深刻印象：

> 任何人若把人類的歷史當成自己的歷史加以感受，就會普遍體悟到各色人物的憂傷：顧慮自身健康的病人，回憶青春之夢的老者，失去戀人的情郎，理想正在消逝的殉道者……然而，如果一個人承受了，如果一個人能夠承受這形形色色、不可勝數的憂傷……如果一個人能夠讓自己的靈魂擔負這一切——人性中所有的最老、最新之物，失敗，希望，征服，勝利；如果一個人能夠將所有這一切集於內心，壓縮為一種單一的情

感，那麼，就會產生人類前所未有的幸福：一種
充滿力與愛、淚與笑的神聖幸福。這幸福宛如夜
間的太陽，一直饋贈着它那永不枯竭的財富，並
將其傾入海洋，僅當此時，最貧窮的漁夫也能劃
動着金色的槳，感到自己最為富有，就像太陽一
樣！這神聖的情感將被稱為──人道。

（《快樂的科學》，337）

　　面對如此動人的雄辯，對之進行條分縷析會顯得
尤其狹隘。此段是尼采的神來之筆，無疑給出了關於
「人道」的全新闡釋，緊隨其後，尼采開始批判舊的
闡釋，舊闡釋首先將人道與避免或減輕痛苦相關聯。
如果一個人用一種新的生活替代充滿同情的生活，
並且全心體驗它，那麼，他就會達成這種「新的人
道」。然而，去假設生活中可能存在這樣一種高尚的
狀態是否有意義？比起體驗被選定的「人性中的失
敗、希望、征服和勝利」來，體驗一切即使不是更
容易，也是更可容忍的，正如尼采的整個著述生涯
所表現出的那樣。儘管尼采厭惡並且蔑視「無條件
性」，但他對一個相近的概念十分着迷，那就是包羅
萬象。如果一個人可以容忍大部分事物，這也就意味
着他仍無法容忍某些事物──這是可以理解的。要成
為「神一般的人」，或成為悲劇哲學家、悲劇性的人
物，人必須忍受一切。儘管很難描述出這是怎樣的一

種狀態，但尼采認為他知道這將「產生人從未領略過的幸福」。人，甚至是超人，永不能也不會理解這種狀態，因為這甚至也不是康德所稱的「調節性理想」──這一點不是很明顯嗎？情況更有可能是，尼采沉醉於自己所具備的一種無與倫比的能力，即用最為抒情和沉鬱的筆觸描繪使生活可以忍受的唯一一類狀態，這類狀態原來都只不過是對哲學家的迫切需求棄之不顧的詩人所造就的。

此段文字還有一點值得冷靜地加以注意。同情──尼采激烈抨擊的情感的放縱──與新的人道之間的一個差別是，在後一種狀態中，人僅僅是持有一種態度，沒有跡象表明人會做任何具體的事情。如果同情某個不幸的人，我們就「飾演了命運的角色」，而忽略了「內心的整個次序與繁雜，這些才是你我不幸之所在」。另一方面，如果在對待任何事物時都追尋一種宏大、甚至是宇宙般廣袤無邊的情感，那麼，這將無法付諸行動。事實上，確有一種可以想見的行動對應於尼采的理想狀態；尼采的散文蘊含着令人驚異的力量，但就我現在看來，尼采當時對行動並不熱衷，熱衷的只是寫作，這無疑部分解釋了他的散文為何充滿力量。再一次地，我們要問，我們其餘的人能夠集聚起何種力量？又該以這種力量去做甚麼？

逐一檢視尼采持肯定態度的核心文本，並表明它們展現了類似的非特定性以及同時處理所有問題的迫

切心情——這樣做不但乏味而且讓人沮喪。這意味着，在每種情況下，人並不知道當下該做些甚麼，也不知道為何該做這一件事而不是其他事。再一次，我們不能不猛然意識到一個悖論——尼采在持極度吹毛求疵的態度的同時又無意否定任何東西，因此，查拉圖斯特拉的論斷，即「生命的一切都是圍繞着趣味與品位的爭論」，勢必與對這一論斷表示肯定的堅持態度相衝突。當一個人培養自己擁有快樂的肯定態度時，他是要對自己說謊，還是將過去「美化」成與實際不同的東西？當所有的「實際情形」變為「我希望的情形」，這是一種自我欺騙還是一種更為崇高的東西？除了少數值得稱道的例外，評論者們傾向於對這些問題避而不談，似乎它們本身就是對良好品位的冒犯。

《快樂的科學》中有關賦予生命以風格的段落也提出了相似的問題。實際上，當尼采說「需要長期踐行，每天付出辛勞」時，其中就包含着勸人行動起來的建議，儘管又一次地，它在修正着似乎更為重要的觀點：「這兒無法去除的醜陋被隱藏，那兒這醜陋得到重新解釋，成為崇高。」但當我們意識到這是在討論個人品格時，這種「重新解釋」難道不是自我欺騙麼？假如我為了羞辱某人而對他說了些甚麼，之後記起來的時候覺得既不愉快又引以為恥，我能告訴自己我當時是出於另外的動機麼？我能夠一直讓自己確信，我是個優雅的人麼？這樣做是否有助於我提升自

己的品格？尼采在九節之後以獨有的句式説，「我們想要成為自己生命的詩人」，此時我們卻記得在他的下一本書裏，尼采通過查拉圖斯特拉之口所説的話：「詩人滿口謊言，但是，唉，查拉圖斯特拉也是個詩人。」

因此，在我看來，尼采在一路向前。他始終是某種一元論者：在《悲劇》中，他相信在日神的表象之下存在着太一。在不再認可任何一種形而上學的體系之後，尼采對存在的恐懼仍然驚恐，但在為此開出的所有藥方中，他都堅持應當從某個單一方面觀察存在。為何這樣就可以使事物變得更好、更容易，或者變成尼采想要它們成為的任何模樣？《快樂的科學》中另一個奇妙的小節是第276節，又一次地，它的論述美得讓人忘卻思考。此篇的主題是：不希望任何事物有所不同；轉過身去乃是尼采唯一的否定。而這不過是在預示他之後最喜愛的兩個概念，即愛命運和永恆輪迴，前者給出了接受生命所賜的一切時所應遵循的原則，後者則解釋了人為何應當如此行事。

通常情況下，我不願意引用《強力意志》，但不可否認，書中包含着許多富於啟發性的段落。尼采在此書中説，「倫理：或『值得欲求的哲學』──『事物理應不同』，『事物將會不同』：不滿足乃是倫理學的起點」。

人可以從慾望中拯救自己，首先可通過選擇不會帶來這種感覺的狀態；其次可以通過理解它的傲慢和愚蠢：欲求某種事物與它的實際狀況不同，就意味着欲求所有的事物都不同——這包含了對整體的譴責性批評。但是生命自身就是這樣的一種欲求。

（《強力意志》，333）

　　這段真正體現了尼采的才華橫溢之處，同時也體現了尼采典型的悖論性。如斯塔滕所言，如果生命即是欲求事物各不相同，那麼尼采的生命也該如此——從所有的證據來判斷也確實如此。愛命運是他的座右銘，他的命運就是激昂地怒斥命運本身，或者説怒斥事物的本然存在。尼采允許自己有這樣的命運麼？從之前引用過的第11節「夢遊者之歌」來判斷，他不允許。肯定一種單一的快樂就意味着肯定一切，但是我們又一次看到作為完美的抒情詩人的尼采佔據了優勢——這個抒情詩人對相信下述論斷的人俯首稱臣：如果你將全部的存在看做統一的整體，那麼你會肯定所有存在，或者至少，如果你肯定存在的一部分，你也會肯定其整體。然而，一切事物都「纏繞在一起，陷入彼此，相互迷戀」這一事實，並不意味着人們喜歡它們如此。如果生命就是欲求事物各不相同——這確實是生命的主要構成，也是人們做大部分事情的動

機之所在——那麼不可避免地，人們就會想要實現其中的某些差別。正如尼采在《善惡的彼岸》第9節中與此相類似卻有本質差別的另一段所言，「活着——難道不就是想要與這個本性截然不同？難道活着不就是估量、偏愛、不講公正、受到限制、想要有所不同嗎？而且，假定你們的律令『按照本性來生活』從根本上意味着『按照生命來生活』，那麼，你們如何能夠不這樣？為何你們還要制定一個原則，來規定自己是甚麼和必須成為甚麼？」然而，如果你必須成為你自己，那麼，制定任何原則都是毫無意義的，愛命運也不例外。這種或可稱為尼采式斯多葛主義的肯定，為何沒有淪為他在其他地方蔑稱的「聽任主義」？尼采對此並未置評。

我斷定尼采在努力使自己變得無懈可擊，這一點已經在前面的論述中有所暗示。令人驚奇的是，一個還發出過「危險地活下去！」這種口號的人，似乎並不想被出其不意地領會，也不想聲稱一切都是必要的、因此並無任何偶然，以此來坦然面對任何偶然。無論發生任何事情，他都欲求如此。尼采最突出的悖論在於宣稱，任何確實發生過的事情，都是他所欲求的。在一個籠統概述的層次上進行寫作，尼采不需要面對這樣的情形：宣稱事先欲求的事物理應如此，這種做法與其說是超人之舉不如形容為非人之舉。尼采認為，通過宣佈影響深遠的普世必然性教義，再宣稱

它們所規定的內容具有無限重複性，他已經表明了天下，甚至包括天上，永遠不會有也不可能有新事物。但是，在微觀的層面上，尼采仍然比任何人都敏銳，甚至過於敏銳以至於使他轉向另一個極端——那些他如此熱衷於追求的「高度」。他已準備好以極其謹慎和透徹的方式來闡釋：事物，尤其是人，有多麼可怕。只要停留在事物和人的層次，那種使人疲憊的恐懼就會持續增長。因此當尼采肯定時，不可能是通過選擇被讚許的事物，因為這些事物都處於他所厭惡的對象之列。他只能對他憎惡的現象照單全收，從它們那裏獲得一種「距離的感傷」，並對它們報以蔑視。然後，拜模糊不清的視野所賜，他終於能夠對所有的事物說是。在此過程中，他因假裝對所有價值一視同仁而背叛了自身珍視的所有價值。這種崇高與冷漠麻木並無分別。

參考書目

Adorno, Theodor (1974), *Minima Moralia* (NLB, London).

Aschheim, Steven E. (1992), *The Nietzsche Legacy in Germany 1890–1990* (University of California Press, Berkeley and Los Angeles).

Bridgwater, Patrick (1972), *Nietzsche in Anglosaxony* (Leicester University Press, Leicester).

Heller, Erich (1988), *The Importance of Nietzsche* (University of Chicago Press, Chicago).

Heller, Peter (1966), *Dialectics and Nihilism* (The University of Massachusetts Press, Amherst, Mass.).

Jones, Ernest (1955), *Sigmund Freud, Life and Work*, ii (Hogarth Press, London).

Kaufmann, Walter (1974), *Nietzsche* (4th edn., Princeton University Press, Princeton, NJ).

Kundera, Milan (1984), *The Unbearable Lightness of Being* (Faber and Faber, London).

Love, Frederick R. (1963), *Young Nietzsche and the Wagnerian Experience* (University of North Carolina Press, Chapel Hill, NC).

Middleton, Christopher (1969) (ed. and trans.), *Selected Letters of Friedrich Nietzsche* (University of Chicago Press, Chicago).

Nehamas, Alexander (1985), *Nietzsche: Life as Literature* (Harvard University Press, Cambridge, Mass.).

Schutte, Ofelia (1984), *Beyond Nihilism: Nietzsche without Masks* (University of Chicago Press, Chicago).

Silk, M. S. and Stern, J. P. (1981), *Nietzsche on Tragedy* (Cambridge University Press, Cambridge).

Solomon, Robert C. and Higgins, Kathleen M. (1988) (eds.), *Reading Nietzsche* (Oxford University Press, New York).

Staten, Henry (1990), *Nietzsche's Voice* (Cornell University Press, Ithaca, NY).

Thompson, Judith J. and Dworkin, Gerald (1968) (eds.), *Ethics* (Harper and Row, Cambridge, Mass.).

Young, Julian (1992), *Nietzsche's Philosophy of Art* (Cambridge University Press, Cambridge).

推薦閱讀書目

The amount of writing on Nietzsche in English alone is now growing at a rate that is both a tribute and a threat. The most magisterial book on him, by someone deeply sympathetic yet firmly critical, is Erich Heller's *The Importance of Nietzsche* (University of Chicago Press, Chicago, 1988). A book somewhat similar in tone, but following patiently through Nietzsche's development, is F. A. Lea's *The Tragic Philosopher* (Athlone Press, London, 1993). Originally published in 1957, it is a trail-blazing work, written, like Heller's and unlike almost everyone else's, with notable grace and a Nietzschean passion. Unfortunately Lea uses old and discredited translations for quotation; and he ends surprisingly by finding that Nietzsche rediscovered the teachings of Christ and Paul for our time. Walter Kaufmann's ill-organized transformation of Nietzsche into a liberal humanist has its place in the history of Nietzsche reception (*Nietzsche* 4th edn, Princeton University Press, Princeton, NJ, 1974).

Of more recent works, the most acclaimed, often setting new standards in detailed analytic working-through of Nietzsche's positions, is Alexander Nehamas's *Nietzsche: Life as Literature* (Harvard University Press, Cambridge, Mass., 1985). It is a demanding but rewarding book, but Nehamas relies too heavily on unpublished notebooks of Nietzsche's. More impressive still, as I have indicated in the text, is Henry Staten's *Nietzsche's Voice* (Cornell University Press, Ithaca, NY, 1990), a moving and profound series of meditations on some basic themes in Nietzsche. A less demanding and more critical work on an aspect of Nietzsche which has received little in the way of book-length attention is Julian Young's *Nietzsche's Philosophy of Art* (Cambridge University Press, Cambridge, 1992). Young finds a lot to be indignant about, but his criticisms, in their downrightness, are thought-provoking. A full-length book on *BT* by M. S. Silk and J. P. Stern is *Nietzsche on Tragedy* (Cambridge University Press, Cambridge, 1981), which leaves no stone unturned, so far as the biographical background, the accuracy of Nietzsche's account of Ancient Greece, and so on, are concerned. The essence of the work itself, and the source of its fascination, eludes them, but this is a mine of absorbing information. Nietzsche's politics, or rather his seeming lack of them, are dealt with at length in two overlong but intermittently helpful books, both rather badly written. Tracy Strong's *Friedrich Nietzsche and the Politics of Transfiguration* (expanded edn, University of California Press, Berkeley and Los Angeles, 1988) ranges very widely, and contains a particularly bizarre account of the Eternal Recurrence. Mark Warren's *Nietzsche and Political Thought* (MIT Press, Cambridge, Mass., 1988) distinguishes between what Nietzsche's political views, never presented systematically, were, and what they should have been, from the standpoint of the Frankfurt School of Critical Theory.

There are many collections of essays by various commentators: one that has some excellent contributions to the reading of particular books is *Reading Nietzsche*, edited by Robert C. Solomon and Kathleen M. Higgins (Oxford University Press, 1988). The way that Nietzsche tends to be read in France now is usefully illustrated in a book of translations of Derrida, Klossowski, Deleuze, and so on: *The New Nietzsche*, edited by David B. Allison (Delta, 1977). I find Gilles Deleuze's celebrated *Nietzsche and Philosophy* (trans. Hugh Tomlinson, Athlone Press, London, 1983) quite wild about Nietzsche, but interesting about Deleuze. Many people swear by it. And we are in for an invasion of works from France, where Nietzsche has been idiosyncratically cultivated since World War II.